기획에서 발표까지 100% 몰입 시나리오

프레젠테이션
1막 5장

들어가면서
프레젠테이션 1막 5장의 완성

오늘날 성공적인 직장생활을 원하는 사람에게 프레젠테이션 능력은 필수불가결한 요소로 자리매김했다. 이상한 것은 성공을 원하지 않는 사람이 없을 만큼 사회적으로 '성공' 열풍이 불고 있음에도 프레젠테이션을 기피하거나 남의 일쯤으로 여기는 사람이 아직도 적지 않다는 사실이다.

얼마 전 국내 100대 기업 교육 담당자들에게 프레젠테이션에 대한 기업 내 인식 조사를 위해 설문을 돌린 일이 있다. 조사 결과 교육 담당자들이 피부로 느끼는 프레젠테이션의 중요성은 예상과 크게 다르지 않았다.

먼저 '프레젠테이션 능력이 승진이나 입사 시 얼마나 영향을 미치는가?'라는 물음에 절대 다수인 70%가 '상당히 영향을 미친다'고 응답했다. '결정적인 영향을 미친다'는 응답 10%를 합하면 무려 80%가 프레젠테이션 능력과 승진 및 입사의 연관성을 높게 보았다.

'프레젠테이션을 잘하는 사람을 보면 어떤 생각이 드는가?'라는 항목에서도 '능력 있고 일도 잘한다고 생각한다'는 답변이 무려 98%나 돼 직장 내에서 프레젠테이션이 그 사람을 평가하는 중요한 능력의 척도로 여겨진다는 사실을 알 수 있었다. 또 교육 담당자들은 '프레젠테이션 기회가 주어진다면 회사나 팀을 대표해 나설 용의가 있는가?' 라는 질문에 80%나 적극적으로 나서겠다고 답해 프레젠테이션을 성공의 기회로 보았다.

그러나 조사 대상자들은 프레젠테이션의 중요성을 깊게 인식하면서도 '직장인에게 가장 필요한 능력'으로 기획력(37%), 인간관계(35%), 글쓰기 능력(19%)을 꼽아 프레젠테이션 발표 능력(9%)보다 우선시했다. 이러한 조사 결과는 능력 못지않게 인간관계를 중시하는 우리네 직장 문화와 연관이 있는 것으로 분석되지만, 종합적인 프레젠테이션 능력에 기획력과 글쓰기 능력이 포함된다는 점을 고려하면 앞선 조사 결과와 별반 다르지 않다는 사실을 알 수 있다.

결국 조사 결과 기업 현장에서 느끼는 프레젠테이션에 대한 중요성에는 대부분 공감하는 것으로 나타났다. 그럼에도 불구하고 사람들은 대중 앞에 서는 데 대한 두려움(31%), 자신감 부족(17%), 노력 부족(15%) 등의 이유로 프레젠테이션 능력을 키우는 데 좀 더 적극적으로 나서지 못하는 것으로 분석된다.

프레젠테이션은 기획, 분석, 정보 수집, 글쓰기, 발표 등 다양한 능력을 요구하지만, 어느 정도 경험을 쌓으면 누구나 잘할 수 있다. 더욱이 프레젠테이션을 잘하는 사람이 회의나 협상, 심지어 보고까지도 잘한다는 것이 내 생각이다. 프레젠테이션을 1막 5장의 연극 무대에 비유한 이 책을 통해 독자 여러분이 조금 더 프레젠테이션에 가깝게 다가가기를 바란다.

대한민국 100대 기업 교육 담당자에게 물었다!
"프레젠테이션이 당신의 직장생활에 미치는 영향은?"

- 조사기관 : 이용갑 자기계발연구소
- 조사대상 : 국내 100대 기업 교육 담당자
- 조사기간 : 2008년 8월 6일~8월 12일(1주일)
- 조사방법 : 이메일 설문조사

1 프레젠테이션이 승진이나 입사에 얼마나 영향을 미치는가?

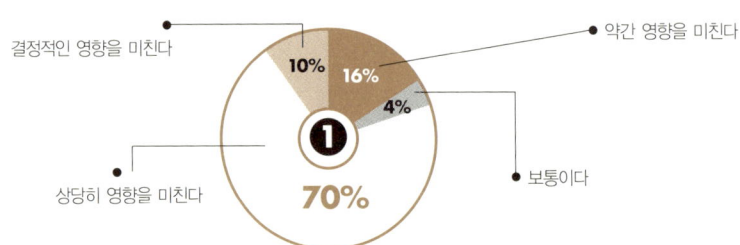

- 결정적인 영향을 미친다 10%
- 약간 영향을 미친다 16%
- 보통이다 4%
- 상당히 영향을 미친다 70%

2 프레젠테이션을 잘하는 사람을 보면 어떤 생각이 드는가?

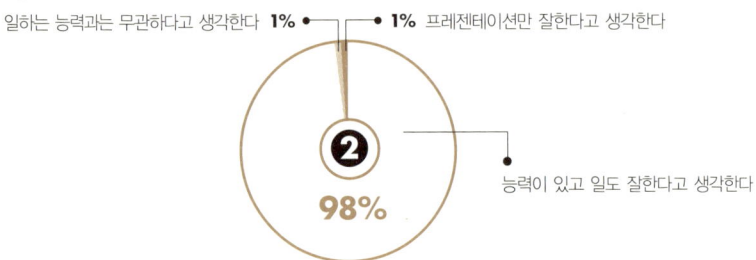

- 일하는 능력과는 무관하다고 생각한다 1%
- 프레젠테이션만 잘한다고 생각한다 1%
- 능력이 있고 일도 잘한다고 생각한다 98%

3 성공적인 프레젠테이션이 되려면 가장 중요한 요소는 무엇인가?

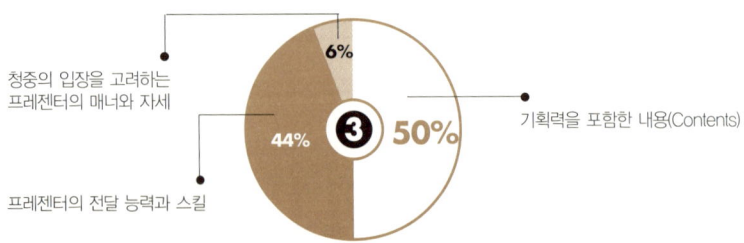

- 청중의 입장을 고려하는 프레젠터의 매너와 자세 6%
- 기획력을 포함한 내용(Contents) 50%
- 프레젠터의 전달 능력과 스킬 44%

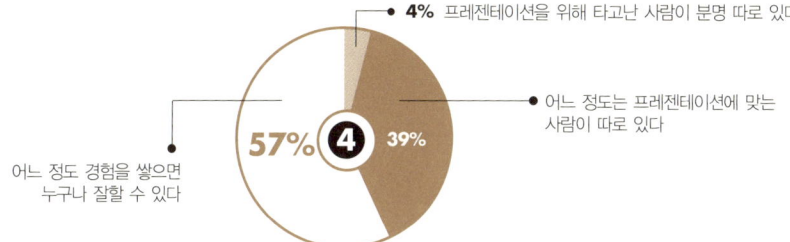

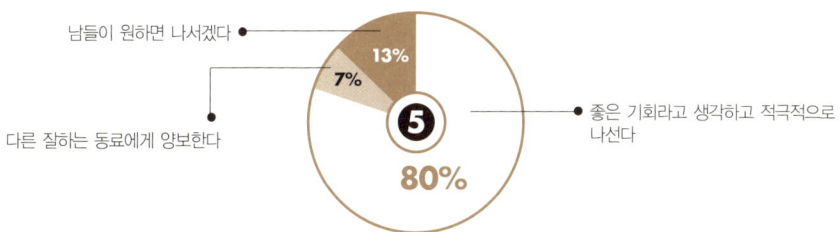

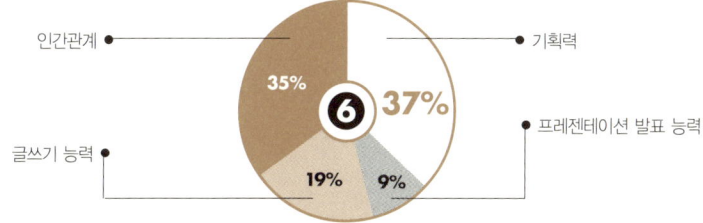

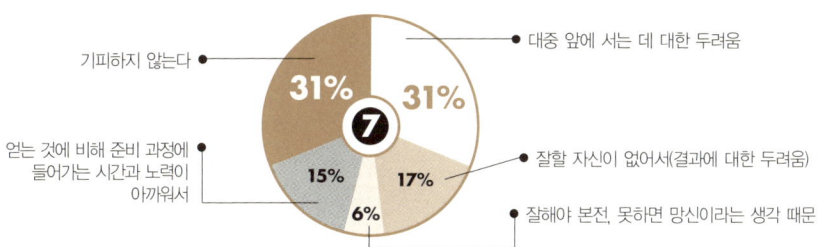

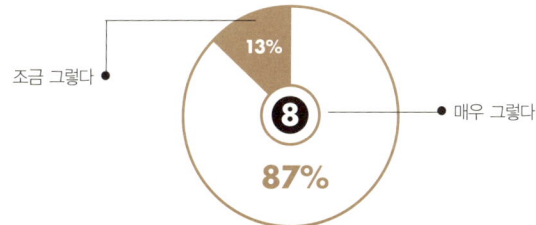

기획에서 발표까지 100% 몰입 시나리오
Presentation 1막 5장

차 례

| 들어가면서 | 프레젠테이션 1막 5장의 완성 004

STEP 1 진단과 분석
프레젠테이션 속에 나를 파악하라

- **01** 당신이 프레젠테이션에 민감한 이유 • 012
- **02** 프레젠테이션을 이루는 요소들 • 019
- **03** 프레젠테이션에서 버려야 할 부정적 생각 • 023
- **04** 청중을 몰입시키는 프레젠테이션의 조건 • 032
- **05** 당신이 알지 못하는 What! How! • 037
- **06** 최강의 프레젠테이션을 위한 마인드컨트롤 • 051

STEP 2 준비
PT를 위한 PT로 승부하라

- **07** 성공적인 PT를 위한 3P 분석 • 060
- **08** 청중 속의 키맨에게 어필하라 • 066
- **09** 목적이 분명한 프레젠테이션은 반드시 통한다 • 078
- **10** 장소를 파악하여 주변의 악조건을 제거하라 • 087

STEP 3 | *기획*
세상에 없는 PT를 꿈꿔라

- **11** 기획은 계획이다 • 094
- **12** 내버릴 자료는 어디에도 없다 • 097
- **13** 설득의 피라미드를 세워라 • 103
- **14** 매력있는 카피로 승부하라 • 112
- **15** 한 편의 드라마로 만들어라 • 115
- **16** 기억에 남는 포인트를 챙겨라 • 128
- **17** 허를 찌르는 자료를 준비하라 • 143

STEP 4 | *작성*
비주얼로 단번에 마음을 훔쳐라

- **18** 비주얼을 위한 스토리를 만들어라 • 156
- **19** 마법의 레이아웃으로 청중의 시선을 모아라 • 163
- **20** 한 장에 하나의 포인트만 담아라 • 172
- **21** 잊지 못할 감동의 컬러를 선택하라 • 180
- **22** 느낌으로 확인하고 재구성하라 • 184

STEP 5 | *발표*
감성으로 교감하고 소통하라

- **23** 당신의 생각을 설득하려 하지 마라 • 190
- **24** 마음이 통하는 언어를 구사하라 • 205
- **25** 눈으로 경청하고 청중과 대화하라 • 226
- **26** 상황에 따라 제스처 크기를 달리하라 • 236
- **27** 성실한 예행연습이 성공을 보장한다 • 248
- **28** PT에서 반드시 알아야 할 발표의 기술 10가지 • 254

STEP 1 *진단과 분석*

프레젠테이션 속에 나를 파악하라

현대 사회를 살아가는 사람들에게 자신의 생각을 다른 사람이 알아듣고 공감할 수 있도록 표현하는 능력은 가장 중요한 자산 가운데 하나다. 머릿속에 아무리 좋은 아이디어를 가지고 있더라도 이를 '소통' 시키지 못한다면 아무런 의미가 없기 때문이다. 프레젠테이션은 자신의 모든 것을 보여주면서 상대에게 감동을 이끌어내야 하는 커뮤니케이션이다.
상대의 생각을 바꿀 수 있는 프레젠테이션 역량을 갖춘다면 대단히 경쟁력 있는 비즈니스맨이 될 수 있다.

당신이 프레젠테이션에 민감한 5가지 이유

프레젠테이션을 이루는 요소들

프레젠테이션에서 버려야 할 부정적 생각

청중을 몰입시키는 프레젠테이션의 조건

당신이 알지 못하는 What! How!

최강의 프레젠테이션을 위한 마인드컨트롤

Presentation 1막 1장

01 당신이 프레젠테이션에 민감한 이유

프레젠테이션Presentation이란 기획안을 제시하여 자신의 의사를 밝히는 행위를 말한다. '프레젠테이션'이란 단어는 광고계에서 유래했다. 좀 더 정확하게 말하자면 일반적으로 광고회사가 광고주에게 제출하는 광고 계획서를 가리키는 말이다.

광고주가 프레젠테이션에 참가한 광고회사를 대상으로 자사의 상품, 예산, 광고 실시 계획 등에 관해 오리엔테이션을 실시하면 광고회사는 그 자료를 바탕으로 일정 기간 뒤에 프레젠테이션을 제출하고 내용을 발표한다. 상품 분석과 함께 제품의 구매자를 세밀히 분석하고 이를 강력하게 뒷받침할 광고 매체를 결정하여 기획서를 제출하는 것이다. 광고주는 제출된 기획서의 발표회를 갖고, 그 가운데 최소의 예산으로 최대의 광고 효과를 얻을 수 있는 기획안을 채택하여 광고를 제작하게 된다.

프레젠테이션은 직접 보여주는 '자판기' 기술이다

과거 주로 광고계에서 사용되던 프레젠테이션이란 말은 이제 어디서나 흔히 쓰이는 일반적인 외래어가 되었다. 영어 'Presentation'이 '발표, 제출, 표현' 등의 사전적 의미를 가지는 것처럼 자신의 생각이나 계획을 발표하는 기획 회의를 가리키는 의미로 널리 통용된다.

프레젠테이션이란 말에는 그저 남 앞에서 자신의 생각을 발표한다는 것 이상의 뜻이 담겨 있다. 그것은 바로 '의사소통과 교감'이라는 커뮤니케이션Communication의 방법적 측면이 갖는 중요한 기능을 의미한다. 꽤 오래 전부터 유행했던 '자기 피알 PR'이라는 말이 있다. '스스로를 홍보한다'는 뜻으로 쓰이는 이 말도 단순히 '알린다'는 데에서 한걸음 더 나아가 적극적인 커뮤니케이션의 중요성을 강조하는 말이다.

우리는 지금 정보화 사회를 지나 지식 사회에 살고 있다. 단순히 정보를 주고받는 수준을 넘어 정보를 적절히 연결하고 쌓아올려 지식의 차원으로까지 빠르게 진화시켜 나가야 경쟁력을 확보할 수 있는 시대인 것이다. 이때 필요한 것이 바로 커뮤니케이션의 방법적 측면이다. 따라서 지식 사회에 사는 우리는 그야말로 프레젠테이션의 경쟁 속에 던져져 있다고 볼 수 있다. 프레젠테이션의 본래 의미처럼 '어떻게 내 생각을 전달할 수 있을까' 하는 고민을 넘어 미디어적인 복합 기술로 사람들을 '어떻게 사로잡을 수 있을까' 하는 것이 지금부터의 고민이 되어야 할 것이다. 그것이 바로 '전달'이라는 기능이 갖는 좀 더 본질적이고 적극적인 의미이다.

이처럼 프레젠테이션은 단순한 생각의 전달이 아니다. 기획자 혹은 발표자의 모든 것을 직접 보여주는 것이다. 이것을 제대로 보여주지 못한다면 진정한 프레젠테이션이라고 할 수 없다. 다시 말해 프레젠테이션이 도대체 무엇이냐고 질문한다면 그것은 바로 '자기 자신을 직접 보여주는 것'이라고 답할 수 있다.

그런 측면에서 프레젠테이션은 일종의 '자판기' 기술이다. 자기 자신을 팔기 위해 무언가를 보여주는 기술인 셈이다. '유능한 영업사원은 상품을 파는 것이 아니라 자기 자신을 판다'는 말이 있다. 즉, 프레젠테이션은 자신의 모든 것을 보여주면서 상대에게 감동을 이끌어내야 하는 커뮤니케이션이다.

현대 사회를 살아가는 사람들에게 자신의 생각을 다른 사람이 알아듣고 공감할 수 있도록 표현하는 능력은 가장 중요한 능력 가운데 하나다. 머릿속에 아무리 좋은 아이디어를 가지고 있더라도 이를 '소통'시키지 못한다면 아무런 의미가 없기 때문이다.

앞서 말한 바와 같이 프레젠테이션이란 '자신을 직접 보여주는 것'이다. 그러면 남에게 자신을 보여주는 이유는 무엇일까? 그것은 프레젠테이션을 하기 위해 사람들 앞에 나선 발표자 또한 다른 사람에게는 하나의 상품일 수 있기 때문이다. 따라서 발표자는 제품이나 서비스를 팔기 위해 프레젠테이션을 훌륭히 수행해야 함은 물론, 자기 자신을 속속들이 보여주어야 하는 것이다. 남에게 보여주는 행위를 효율적으로 수행하기 위해서는 세련된 기술이 필요하다. 이처럼 자신을 판매하는 기술, 즉 '자판기' 기술이 바로 프레젠테이션이다.

이제부터 자신을 하나의 훌륭한 상품이라고 생각하자. 그리고 그것을 팔기 위해 가장 중요한 기술을 습득하고 실행해 보기로 하자. 그렇다면 당신은 청중에게 아주 유용한 상품으로서의 가치를 인정받을 수 있을 것이다.

프레젠테이션은 액션이다

'Presentation'이란 단어는 'Present'와 'Action'이 결합된 말이다. 결국 프레젠테이션은 '발표하는 행위' 혹은 '표현하는 행위'라고 할 수 있다.

발표, 제출, 표현하기 위해서는 우선 무엇인가 내놓을 것이 있어야 한다. 내용이 충실하지 못하면 그것을 아무리 현란하게 포장한다 해도 듣는 사람을 결코 만족시키지 못할 것이다. 따라서 성공적인 프레젠테이션을 위해서는 무엇보다 먼저 충실한 내용을 만들기 위해 노력해야 한다.

내용을 만든 다음에는 그것을 전달하는 행위가 뒤따라야 한다. 프레젠테이션이 자기 생각을 남에게 전달해 그 사람의 동의를 얻어내는 행위라면, 그것은 잘 포장된 선물을 배달하여 고객의 감동을 얻어내는 행동과도 같다.

이때 가장 중요한 것은 선물의 내용과 전달 방법이다. '선물 Contents'을 고를 때는 자신이 좋아하는 것보다 받는 사람이 좋아하는 것을 골라야 한다. 또 내용물을 보기 좋게 잘 포장해서 주어야 한다. 같은 내용물이라도 정성스럽게 포장하여 정중하게 전달해야 받는 사람의 기분을 좋게 만들고 감동을 줄 수 있다. 프레젠테이션에서도 청중에게 감동을 줄 수 있는 내용을 정중하게 전달해야 한다.

그러기 위해서는 우선 청중이 프레젠테이션에서 어떤 내용을 듣고 싶어하는지 알아야 한다. 이렇게 주제에 부합하면서 청중이 꼭 알고자 하는 정보를 전달할 때 흥미를 유발시켜 집중하게 만들 수 있다.

정리하자면 프레젠테이션은 내용 Contents, 전달 기술 Skill, 프레젠터의 태도 Personality 등 3대 핵심 요소로 이루어져 있다. 먼저 내용은 프레젠테이션의 기획과 목적, 즉 말하고자 하는 '무엇'에 해당하며, 전달 기술은 매체 선택, 시각적 효과, 표현 기법 등을 의미한다. 그리고 프레젠터의 태도는 발표자의 모습과 이미지, 신뢰감 요인 등에 대한 평가를 의미한다.

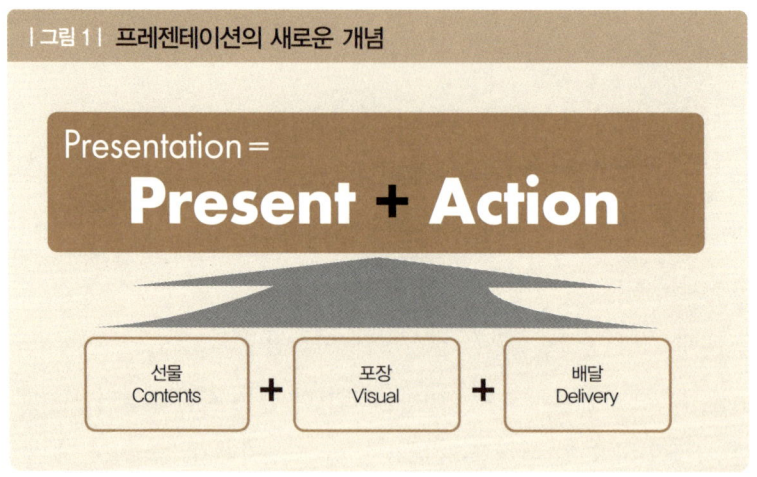

| 그림 1 | 프레젠테이션의 새로운 개념

프레젠테이션의 3대 핵심 요소를 한 편의 영화에 비유하자면 내용은 시나리오, 전달 기술은 영상미, 프레젠터의 태도는 배우의 연기력에 해당한다. 이 중 어느 하나라도 모자라면 좋은 작품이 나올 수 없다.

프레젠테이션 역시 마찬가지다. 이 세 가지 핵심 요소가 조화를 이룰 때 그 프레젠테이션은 성공적으로 수행된다. 프레젠터는 이 세 가지 요소 중 어느 한 가지라도 부족하면 성공했다는 평가를 이끌어낼 수 없다는 것을 깨달아야 한다.

이를 수학 공식으로 표현하면 곱하기(×) 개념이 적용된다. 즉, 한 가지 요소라도 '0'이면 모두 '0점' 처리된다는 것을 명심해야 한다.

> 내용×전달 기술×프레젠터 태도=성공

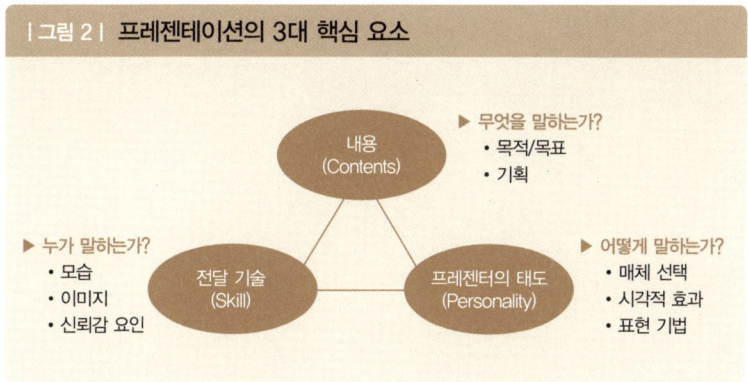

| 그림 2 | 프레젠테이션의 3대 핵심 요소

생각의 전환을 유도하는 것이다

프레젠테이션은 A라는 생각을 갖고 있는 청중의 마음을 B라는 생각을 갖도록 유도하는 일이다. 예를 들면 경쟁사의 상품이나 서비스가 좋다고 맹신하는 고객이 생각을 바꿔 자사의 제품을 인정하도록 유도하는 일이다. 또 불가능하다고 여기는 상사의 생각을 가능의 영역으로 이동시키는 일, 방법을 모르는 동료를 설득하여 무엇을 할 것인지를 납득시키는 일 등이 모두 프레젠테이션 행위에 포함된다. 이 과정에서 고객을 설득하기 위해 동원하는 모든 표현적 기술을 일컫기도 한다.

프레젠테이션은 상당한 기술을 필요로 한다. 그러므로 프레젠테이션을 잘하려면 어느 정도 노력이 필요하다. 프레젠테이션 능력을 제대로 갖춘 사람을 발견하기 쉽지 않은 이유는 대부분의 사람들이 프레젠테이션을 통과의례처럼 여기고 그 시간만 모면하면 그만이라고 생각하기 때문이다. 그러나 프레젠테이션 능력이야말로 부단한 노력을 통해서만 얻을 수 있는 최고의 경쟁력이다. 한 개인이 대내외적으로 고객, 상사, 동료에게 감동을 줄 수 있는 프레젠테이션 역량을 갖추고 있다면 대단한 경쟁력을 갖춘 비즈니스맨이라고 할 수 있다.

프레젠테이션을 이루는 요소들 02

프레젠테이션은 세 가지 구성 요소로 이루어진다. 발표자, 청중, 그리고 회사이다. 좋은 프레젠테이션은 단지 하나의 이벤트로 끝나지 않는다. 그것은 세 구성 요소들에게 대단히 긍정적인 효과를 가져다준다.

자신의 프레젠테이션이 청중에게 좋은 반응을 얻게 되면 발표자는 자신감을 갖게 될 뿐 아니라 일종의 동기부여로 작용하여 지속적으로 프레젠테이션 기술을 계발하게 만드는 원동력이 된다. 또 청중은 효과적인 프레젠테이션을 통해 만족스런 결과를 얻음으로써 발표자를 더욱 신뢰하게 된다. 발표자에 대한 신뢰가 높아진다는 것은 곧 그가 속한 조직에 대한 신뢰와 인지도가 높아진다는 것을 의미한다. 한 회사가 인지도와 신뢰도를 얻으려면 장기간에 걸쳐 지속적인 노력을 경주해야 한다. 그러나 한 번의 훌륭한 프레젠테이션의 결과로 계약을 성사시키게 되면 짧은 기간에 경쟁력 있는 회사로 자리 잡을 수 있게 된다.

발표자 ### 청중의 반응을 살펴라

프레젠테이션을 할 때면 누구나 긴장하지 않으려고 애를 쓴다. 자칫 실수를 할지도 모르기 때문이다. 그래서 아무리 훌륭한 발표자라도 다소 긴장이 느껴지는 상태에서 프레젠테이션에 임하는 것이 보통이다. 발표자가 프레젠테이션을 앞두고 최선의 준비를 했다 하더라도 아무런 긴장감 없이 시작할 수는 없다. 그러나 너무 걱정할 필요는 없다. 자연스럽고 편안한 분위기보다는 약간 긴장된 분위기가 오히려 청중의 집중력을 유도하는 데에도 효과적이다.

프레젠테이션이 진행되면 발표자는 스스로 청중의 반응을 감지하는 데 주목해야 한다. '성공 프레젠테이션'이란 결과적으로 목적을 어느 정도 달성했는지 여부에 따라서 좌우된다. 이 말의 의미는 발표자가 발표 상황에 맞게 효과적으로 프레젠테이션을 하는 것도 중요하지만, 청중 역시 바라던 목적을 달성할 수 있도록 해야 한다는 뜻이다. 그것은 진행 중에 끊임없이 느낄 수 있는 청중의 반응으로 알 수 있다.

청중 ### 적극적으로 참여하라

청중은 발표자의 프레젠테이션 내용에 대해 공감하기도 하지만, 때로는 반대되는 의견을 가질 수도 있다. 대부분의 청중은 자신이 왜 프레젠테이션에 참석하고 있는지, 무엇을 얻어 갈 것인지에 대해 누구보다 잘 알고 있다. 또 발표자가 자신들이 던진 질문에 친절하고 바람직한 방향으로 답변해 주기를 원한다. 청중은 발표자가 주제에 대해 잘 이해하지 못하는 듯한 태도나 어조로 답변하는 것을 매우 싫어한다. 일관성 없는 장황한 표현도 원하지 않는다. 그렇게 되면 명쾌하게 청중의 의문을 정리해줘야 할 발표자의 답변이 오히려 청중의 생각을 혼란에 빠뜨리게 된다. 결국 발표자와 청중 모두 원하는 목적을 달성할 수 없게 된다.

청중은 자신도 프레젠테이션의 한 구성 요소라는 생각을 가지고 목적한 바를 충분히 달성해야 한다. 청중은 시의적절한 질문을 통해 발표자가 가지고 있는 것들을 끌어내 프레젠테이션의 효과를 더욱 높일 수 있다. 프레젠테이션을 통해 무엇을 얻을지 가장 잘 알고 있는 것은 바로 청중이기 때문이다. 만일 청중이 적극적으로 참여하지 않는다면 발표자가 제 역할을 다한다고 해도 프레젠테이션의 의미는 퇴색될 것이다.

회사 | 프레젠테이션이 경쟁력이다

현대 비즈니스 조직은 다양한 감정을 표현할 수 있는 유능한 발표자를 원한다. 이때 '감정'이란 자신감, 두려움, 호기심 또는 걱정과 같은 것이다. 만약 발표자의 자질이 검증되지 않았다면 그 발표자를 채용한 관련 기관 및 단체는 프레젠테이션이 진행되는 동안 신경이 곤두서고 걱정과 안도로 희비가 교차할 것이다.

오래 전부터 기업들이 체계적인 학습을 통해 사원들의 프레젠테이션 교육에 힘쓰는 이유는 프레젠테이션이 곧 회사의 경쟁력과 직결된

| 그림 3 | 프레젠테이션의 3가지 구성 요소

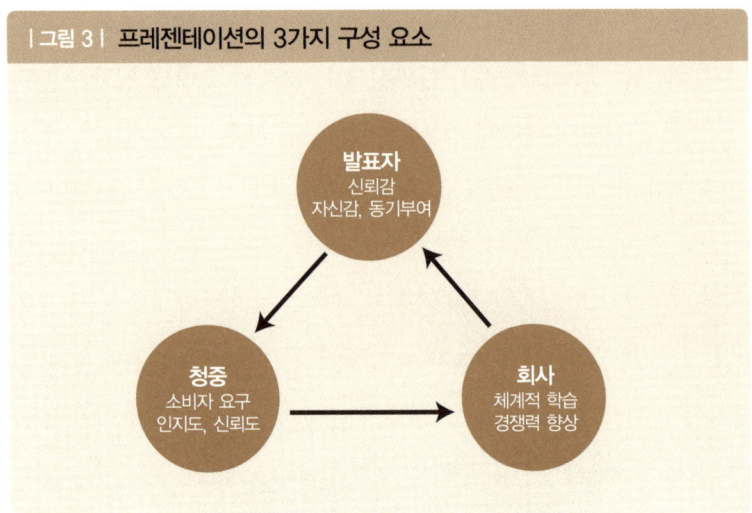

다는 인식 때문이다. 현대에는 단 한 번의 프레젠테이션이 회사의 운명을 바꿀 수도 있는 것이다.

프레젠테이션에서 버려야 할 부정적 생각 03

프레젠테이션에 자신이 없는 사람들은 대부분 프레젠테이션의 본질을 이해하지 못할 뿐 아니라 일종의 선입견마저 갖고 있다. 대표적인 것이 말을 잘해야 프레젠테이션도 잘할 것이라는 인식이다. 과연 그럴까? 물론 이것이 완전히 틀린 말은 아니다. 프레젠테이션은 언어를 통해 진행하기 때문에 어눌한 사람보다는 말 잘하는 사람이 조금이라도 유리하다. 그런 이유로 말을 잘하지 못하는 사람은 프레젠테이션이라고 하면 지레 겁부터 먹기 십상이다. 그러나 반드시 말을 잘하는 사람이 프레젠테이션을 잘하는 것은 아니다. 말을 잘한다는 것이 프레젠테이션의 일부분이 될 수는 있어도 전부는 아니기 때문이다.

고정관념을 버려야 프레젠테이션이 쉬워진다

프레젠테이션을 잘하기 위해선 먼저 프레젠테이션에 대한 고정관념부터 버려야 한다. 고정관념은 우리의 사고와 행동을 구속한다. 이런저런 이유로 '나는 프레젠테이션을 잘할 수 없어' 라는 고정관념을 갖게 되면 프레젠테이션을 잘하려는 노력조차 하지 않는다는 말이다. 그렇다면 일반적으로 프레젠테이션에 대해 가지고 있는 고정관념에는 어떤 것이 있을까?

다음은 프레젠테이션에 대해 우리가 깨야 할 고정관념과 관련이 있는 질문이다. 스스로 프레젠테이션에 대한 고정관념을 가지고 있는지 알아보기 위해 다음 질문에 대답해 보기 바란다.

- 말 잘하는 사람이 프레젠테이션도 잘한다고 생각하는가?
- 프레젠테이션은 비즈니스 환경의 특화된 발표 기술인가?
- 프레젠테이션을 자주하는 부서가 따로 정해져 있는가?
- 프레젠테이션은 정해진 형식과 프로세스 안에서 이루어지는가?
- 프레젠테이션은 감성적 요소를 배제하고 논리에 의해서 이뤄지는가?
- 직급이 높거나 직장생활을 오래 할수록 프레젠테이션을 잘한다고 여기는가?

이 질문들에 그렇다는 대답을 한 사람도 있고 그렇지 않다고 생각하는 사람도 있을 것이다. 분명한 것은 이 질문들에 대해 모두 "No"라고 말할 수 있다는 것이다.

프레젠테이션은 말솜씨가 뛰어나지 못한 사람도 잘할 수 있다. 지나치게 뛰어난 말솜씨는 오히려 신뢰감을 주지 못하는 경우가 있다. 오히려 말솜씨가 좀 떨어져도 핵심을 잘 짚어서 이야기하거나 시각 자료를 잘 활용하면 훨씬 좋은 프레젠테이션을 할 수 있다.

프레젠테이션 실력은 입사 순, 나이 순, 직급 순으로 잘 한다는 생각도 맞지 않다. 과거에는 주로 나이 많은 고참 사원이나 직급이 높은 사람들이 주로 프레젠테이션을 했기 때문에 경험이 많은 것일 뿐 실력과는 무관하다.

또 최근 비즈니스 프레젠테이션에서는 논리적인 이성 못지않게 감성적인 요소가 중시되는 추세다. 즉, 이성과 감성 요소가 조화된 극적 효과를 이용해 청중의 머리와 가슴을 동시에 변화시키려는 노력이 부단히 시도되고 있다. 청중을 내 편으로 만들기 위해선 감성에 호소하는 것이 더욱 빠르고 확실한 방법이라는 깨달음의 결과다. 논리와 이성에만 얽매인 프레젠테이션은 설득력은 있을지 몰라도 끌어당김이 부족하고 다소 진부하다는 인상을 줄 수 있다. 그러므로 이성적인 논리와 감성적인 면이 충분히 조화롭게 발휘되어야 한다.

프레젠테이션은 비즈니스 환경의 특화된 발표 기술이라는 인식도 오해에 불과하다. 오늘날 프레젠테이션은 비즈니스 환경에만 한정되어 시행되는 것이 아니며, 생활 전반에 걸쳐 다양한 영역에서 시도된다. 따라서 프레젠테이션을 정해진 형식과 테두리 안에서만 이루어지는 것이라고 생각해서는 곤란하다.

발상의 전환은 창의력에만 필요한 요소가 아니다. 발상의 전환이야

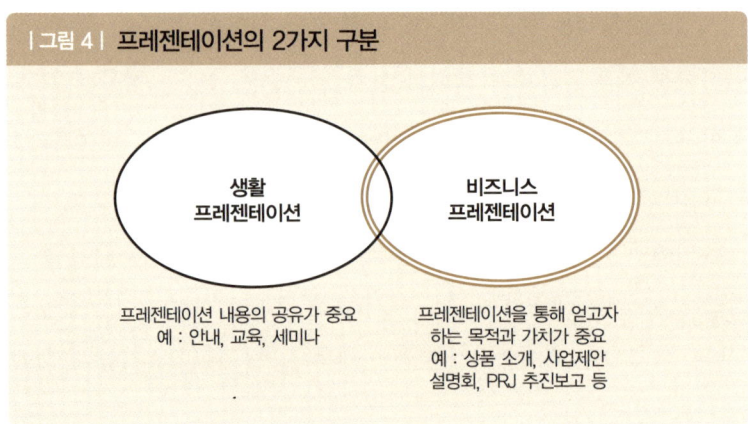

말로 프레젠테이션은 물론 비즈니스 업무 전반에 걸쳐 두루 필요한 요소이다.

현대 사회에서는 반드시 프레젠테이션에 익숙해져야 한다. 이제는 작은 미팅에서 큰 회의에 이르기까지 프레젠테이션이라는 형식이 쓰이지 않는 곳이 없기 때문이다. 그렇다고 미리 겁먹지는 말자. 누구나 노력하면 좋은 프레젠테이션을 할 수 있는 능력을 계발할 수 있다.

사전 준비로 실패에 대한 두려움을 극복하라

직장생활을 하다보면 한 번쯤 남 앞에 나서 간단한 브리핑을 하거나 프레젠테이션을 할 일이 생긴다. 또 직급이 높아지고 사회적 연륜이 쌓이면 많은 사람들 앞에서 의미 있는 정보나 지식을 전달해야 하는

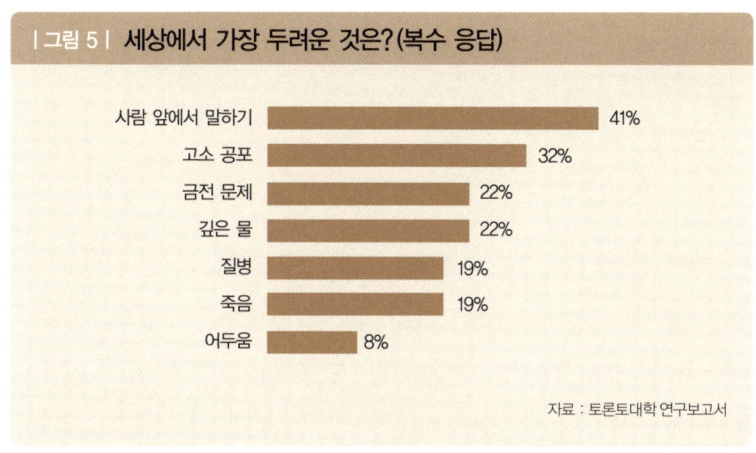

위치에 서게 된다. 이때 마음속에 두려움이 존재한다면 원하는 결과를 이끌어낼 수 없다. 프레젠테이션을 하기도 전에 실패에 대한 막연한 두려움을 갖는다면 잘할 수 있는 일도 망치게 된다.

두려움을 극복하려면 사전 준비를 철저히 하는 것이 가장 중요하다. 사내 회의에서 프레젠테이션 프레젠터가 되어 최선을 다해 진행을 했음에도 불구하고 스스로 만족하지 못하고 동료들에게 실망을 주어 좌절감을 느낀 적이 있는가? 혹은 준비 부족이나 예상치 못한 질문 때문에 청중 또는 직장 동료들을 보면서 당황한 적이 있는가?

중요한 것은 이 같은 실패의 경험을 거울삼아 프레젠테이션 실패의 원인을 분석하고 하나씩 부족한 점을 보완하는 것이다. 두려움에서 벗어나는 것은 성공적인 프레젠테이션을 위한 첫걸음이다.

두려움의 여러 가지 얼굴

프레젠테이션에 대한 막연한 두려움은 실수를 유발할 뿐 아니라 프레젠테이션을 시도하는 것 자체를 기피하게 만든다. 예를 들어 열심히 자료를 모아 꼼꼼히 정리했음에도 불구하고 막상 프레젠테이션을 할 때 제대로 표현하지 못하는 경우가 있다. 실적은 120% 달성하고 설명은 100% 밖에 못한 셈이다. 또 지나치게 긴장해서 실수를 하거나 준비한 발표 자료와 다르게 의사가 전달되기도 한다.

누구나 이런 일을 경험하면 프레젠테이션을 매우 어렵게 생각한다. 그러나 이는 프레젠테이션이 어려워서 생긴 일이 아니다. 단지 경험이 부족했을 뿐이다. 프레젠테이션을 못하면 무능한 직장인으로 평가받기 십상인 요즘 두려움의 실체만 알아도 실패한 프레젠테이션을 줄일 수 있을 것이다.

❶ 자신감 부족으로 인한 두려움

자신감이 없으면 두려움이 생길 수밖에 없다.

"대중 앞에 서본 경험이 없는데……." ➡ 경험 부족

"잘 해낼 수 있을까?" ➡ 막연한 불안감

"전에도 실패했었는데……." ➡ 실패 경험

❷ 성공에 대한 부담감으로 인한 두려움

반드시 성공해야 한다는 생각이 너무 강하면 부담감이 커져 사소한 일마저 두렵게 느껴진다.

"시간이 한정되어 있는데……." ➡ 한정된 시간

"반드시 성공시켜야 하는데……." ➡ 강박 관념

"제안서에 동의해 줄까?" ➡ 설득의 어려움

❸ 청중의 평가에 대한 두려움

프레젠터는 늘 청중을 고려해야 하지만 너무 지나치게 의식하면 소통의 대상이 아니라 두려운 존재로 다가온다.

"청중 모두가 동의할까?" ➡ 높은 기대치에 대한 불안

"사람들이 나의 첫인상을 어떻게 볼까?" ➡ 외모 불안

"사람들이 나를 평가하고 있을 텐데……." ➡ 지레짐작

❹ 자료 작성의 어려움에 대한 두려움

"내용을 더 간결하게 해야 하는데……." ➡ 요약 및 정리 요령 부족

"한눈에 보여줄 수 없을까? ➡ 시청각 활용 부족

"고심하는 것만큼 잘 만들어지지 않아……." ➡ 편집 기술 부족

막연한 두려움으로부터 탈출하라

어떤 사람들은 너무 폐쇄적이어서 사람들과 만나면 별로 말을 하지 않고, 중요한 회의나 브리핑 등의 발표 기회가 와도 핑계를 만들어 피해 버린다. 이런 사람들은 많은 프레젠테이션 기회가 있어도 막연히 두렵다는 이유로 기회를 무산시킨다. 기회가 훨씬 적은데도 불구하고 철저한 사전 준비로 자신감을 북돋우며 성공적으로 프레젠테이션을 마치는 사람들과 대비된다.

발표하기를 꺼려하는 사람들은 보통 남 앞에 나서본 경험이 아주 적다. 그래서 프레젠테이션을 진행할 때는 누구나 목이 타들어 가고, 심장이 뛰고, 무릎이 떨리고, 얼굴이 달아오르고, 이마에 식은땀이 맺힌다는 사실을 모른다. 긴장되고 떨리는 것은 누구나 마찬가지다. 단지 프레젠테이션을 거부하는 사람들은 그런 두려움이 싫어서 청중들 틈에 숨으려고 하는 것이다.

폐쇄적인 사람은 청중 속에 있는 것을 편안하게 느낀다. 다른 사람의 주의를 끌어 비난과 비평의 위험에 빠지는 것을 극도로 꺼리기 때문이다. 그러므로 폐쇄적인 사람은 긴장감을 극복하고 대중에 대한 불안감을 통제하는 것이 가장 우선적으로 필요한 일이다.

이에 대한 적절한 대처법으로는 심호흡을 하는 것이 가장 효과적이다. 심호흡으로 숨이 막히는 듯한 느낌을 풀어주고, 심장 박동을 조절하여 두려움을 어느 정도 극복할 수 있다. 단순한 방법이지만 몸의 긴장 상태를 풀어줌으로써 정신적 안정을 꾀할 수 있는 것이다. 프레젠테이션을 시작하기 전에 이와 같은 간단한 절차를 몇 분간만 따라 해도 상당한 효과를 볼 수 있다.

> ▶▶ **불안한 마음을 가라앉히는 심호흡 요령**
> ① 마음을 가라앉히고 자세를 바르게 한다.
> ② 잠시 동안 숨을 쉬지 말고 참는다.
> ③ 코를 통해 의식적으로 숨을 깊게 들이마신다.
> ④ 1~2초간 숨을 멈춘다.
> ⑤ 천천히 입을 통해 길게 "휴~" 하고 숨을 내쉰다.
> ⑥ 이 동작을 3~4회 반복한다.

숨고르기 운동법은 배우나 운동선수, 성공적인 연설자들이 주로 사용하는 방법이다. 대중 앞에 나서기 전에 긴장감을 최대한 줄일 수 있는 손쉬운 방법으로 누구에게나 유용한 운동 방법이다. 이 방법으로 필자 또한 강의에 대한 두려움을 극복하여 멋지게 마무리 한 경험이 많다.

04 청중을 몰입시키는 프레젠테이션의 조건

프레젠테이션은 예전의 연설이나 웅변과 비슷한 점이 많다. 프레젠테이션이라는 말을 사용하긴 하지만 사실 따지고 보면 그게 그거 아닌가. 연설과 프레젠테이션의 공통점은 여러 사람 앞에서 자신의 주장이나 의견을 진술하는 것이다. 둘 다 청중을 설득하기 위한 방법이라는 점에서는 같다. 하지만 연설은 발표자가 청중에게 일방적으로 의견을 진술하는 데 반해, 프레젠테이션은 발표자와 청중이 서로 교감하는 쌍방향 커뮤니케이션이라는 점이 다르다.

연설처럼 일방적으로 말해버리고 끝나면 별 문제가 없겠지만, 프레젠테이션처럼 쌍방향 커뮤니케이션이 가능하려면 상대방인 청중을 의식해야 한다. 즉, 청중이 몰입할 수 있도록 유도하는 것은 물론, 청중의 반응을 시시각각 체크하여 진행에 반영하는 순발력도 발휘해야 한다.

설득 프레젠테이션과 설명 프레젠테이션

프레젠테이션은 목적에 따라 설득하는 프레젠테이션과 설명하는 프레젠테이션으로 나뉜다. 먼저 설득 프레젠테이션은 듣는 사람의 생각을 바꾸거나 새로운 가치관에 눈을 뜨도록 유도하여 말하는 사람이 의도하는 방향으로 행동하게 만드는 것이 목적이다.

설득 프레젠테이션에 성공하려면 우선 상대방의 요구를 잘 알고 무엇 때문에 결정을 망설이는지 파악하는 것이 중요하다. 정보를 폭넓게 수집하여 상대방에 대해 상세히 알 필요가 있다.

반면에 정보 제공 프레젠테이션을 할 때는 자신이 가지고 있는 모든 정보를 제공하려 해서는 안 된다. 참가자의 목적에 따라 필요한 정보를 선별한 다음, 중요한 대목을 강조해 제공하는 것이 바람직하다.

정보 전달이 목적이므로 듣는 사람의 수준을 고려해 이해하기 쉬운 용어나 단어를 선택하고 설명 방식을 고심해서 자신이 말하고자 하는 내용을 충분히 전달할 수 있어야 한다.

청중의 신발을 신고 보라

어떤 프레젠테이션에서든지 발표자가 아닌 청중의 시각으로 프레젠테이션을 보는 것이 중요하다. 프레젠테이션이 청중의 시각에서 이루어지려면 준비 단계에서부터 '신발'을 바꿔 신어야 한다. 발표자인 나의 입장을 벗어버리고 청중의 입장에서 프레젠테이션을 준비하는 것이다. 프레젠테이션을 구상하는 첫 단계는 물론, 슬라이드를 준비하는 과정 내내 이 점을 놓쳐서는 안 된다.

한 회사에서 직원을 대상으로 비공개 설문 조사를 실시한 결과 50%가 본인의 업무에 만족하는 반면, 30%는 떠날 것을 심각하게 고려하고 있으며, 나머지 20%는 망설이고 있는 것으로 나타났다. 이 결과를 접한 경영진은 명백하게 근로 의욕이 저하되었다고 판단하여 이 문제를 해결하기 위해 조치를 취해야 한다는 것을 깨달았다.

그들은 상황을 호전시킬 방안을 토의하기 위해 전 사원을 소집했다. 청중의 관심을 끌고 조사 결과가 그들의 피부에 와 닿도록 하기 위해 발표자는 세 가지 색깔의 야구 모자를 준비하여 청중 앞에 진열했다. 발표자는 프레젠테이션을 하는 도중에 참가자들에게 일어서서 의자 아래에 있는 모자를 써달라고 부탁했다. 그 모자가 각 개인의 생각을 나타내는 것인지 아닌지는 중요하지 않았다. 중요한 것은 각 집단을 일어서도록 하여 조사를 활기차게 만들고 민감한 주제를 소개할 기회를 제공했다는 점이다. 이 방법은 모든 직원들로 하여금 프레젠테이션 주체가 제시하는 해결책을 듣고 싶은 생각이 들게 만들었다.

발표자는 청중을 위해 무엇을 말해야 하고, 어떻게 말해야 할지를 잘 알고 있어야 한다. 또 무엇을 보여주고, 어떻게 보여주어야 하는지 잘 알고 있어야 한다. 뿐만 아니라 어떤 부분을 강조하고 어떤 부분을 생략하는지까지 미리 계산하고 준비해야 한다.

이 모든 것은 청중의 입장에서 생각하고 행해져야 한다. 청중이 원하는 것을 강조하고 원치 않는 것은 버려야 한다. 지금 말하는 것이 청중에게 어떤 의미가 있고 어떤 이익을 가져다줄 수 있는지를 끊임없이 상기시켜야 한다.

이처럼 철저하게 청중의 신발을 신고 프레젠테이션을 준비하고 전달한다면 이것은 훌륭한 프레젠터의 프레젠테이션이 갖는 또 다른 경쟁 무기가 될 것이다.

청중의 참여가 백 마디 말보다 낫다

듣는 것보다 쓰는 것이 낫고, 쓰는 것보다 몸으로 체험하는 것이 낫다. 이는 관념적 감각으로 경험하는 것보다 몸을 움직여 행동으로 겪어보는 체험이 가장 확실하다는 뜻이다.

발표자가 일방적으로 내용을 전달하고 청중은 그저 청중으로서 듣기만 하는 것보다 참가자의 참여를 유도해 행동하게 만든다면 청중의 반응은 훨씬 좋아지고 경험의 깊이와 폭은 훨씬 넓어질 것이다.

예를 들어 프레젠테이션 발표장에 실물이 준비되어 있다면 청중들이 반드시 그 물건을 작동하도록 유도하는 것이 좋다. 샘플 상품이 있다면 그것을 나누어주고 냄새, 맛, 느낌 등을 직접 겪어보게 하는 것이 좋다.

문제는 청중의 참여를 유도하려면 먼저 청중의 성향을 분석하여 적절한 방식으로 프레젠테이션을 진행해야 한다는 것이다. 다음은 프레젠테이션에 임하는 청중의 일반적인 특징이다.

- 과거의 경험이 자리 잡고 있어 변화가 용이치 못하다.

- 자기중심적 사고로 인해 가르치기가 어렵다.
- 성인은 이미 낙서로 가득 찬 종이다.
- 새로운 것에 대한 거부감과 부정이 심하다.
- 타율에 의한 학습 진도가 낮다. 자율에 의한 것이 좀 더 쉽다.
- 학습 동기 유발이 필요하다.
- 독립적, 자율적 자아 개념을 지녔지만 피교육생이다.
- 개인의 경험에 비추어 학습에 임한다.

자발적인 참여를 유도하기에는 부정적인 요소가 많다. 그러므로 이러한 청중의 자세를 깨뜨리지 않으면 발표자가 아무리 열성적으로 프레젠테이션에 임해도 적극적인 감정이입이 되지 않으며, 프레젠테이션의 효과 또한 반감된다.

청중을 분석하여 참여의 장으로 이끌기 위해선 청중의 사회적 심리를 알아야 한다. 예를 들어 이론보다 현장 적용 면에서 관심도가 높은 청중이라면 사례 중심으로 프레젠테이션을 이끄는 게 적합하다. 또 참여의식이 강한 청중이라면 청중 중심의 프레젠테이션 스킬을 발휘하면 된다. 청중의 연령대 및 사회적 지위가 높은 경우 기억력은 낮으나 업무에 대한 이해도가 높을 수 있다. 이럴 때는 유인물이나 자료를 충분히 제공하는 것이 효과적이다. 반대로 사회적 욕구가 강한 젊은 신입사원들이 청중이라면 칭찬을 적절히 섞어 프레젠테이션을 진행하는 것이 바람직하다.

당신이 알지 못하는
What! How!

05

효과적인 학습을 위해서는 먼저 명확한 학습 목표를 세워야 한다. 이 책을 읽을 때도 마찬가지다. 처음부터 프레젠테이션의 기초를 배우려는 것인지, 아니면 현재의 능력을 좀 더 향상시키기 위해 이 책에서 프레젠테이션 기술을 추가로 습득하려는 것인지 확실히 알고 시작하는 것이 좋다. 그러기 위해서 다음의 질문을 스스로에게 던져보자. 유용한 질문임을 알게 될 것이다.

① 최근 들어 마지막으로 프레젠테이션을 해본 것이 언제인가?
② 목적에 따라 분류하자면 어떤 유형의 프레젠테이션이었는가?
③ 프레젠테이션의 발표 전과 도중, 그리고 발표 후에 자신감을 느꼈는가?
④ 원하는 대로 프레젠테이션이 잘 진행되었는가?
⑤ 프레젠테이션 내용은 논리적이고 감동적으로 제작했는가?
⑥ 좀 더 효과적인 발표 기술을 습득하길 원하는가?
⑦ 발표 기술의 향상을 위한 학습 준비는 되어 있는가?
⑧ 다음 프레젠테이션 준비하는 데 충분한 시간이 있는가?

이 질문에 대한 대답을 하다보면 이 책을 읽는 이유를 자연히 알게 될 것이다. 이 책에서 설명하고 조언하는 대로 몸으로 익히고 습관화한다면 앞으로 자기계발 차원에서 성공적인 프레젠테이션을 이끄는데 도움이 될 것이다.

프레젠테이션 역량 증대를 위한 3대 요소

요즘 기업들이 직원들에게 요구하는 역량 중에서 프레젠테이션이 차지하는 비중은 상당히 높은 편이다. 프레젠테이션의 능력 차이가 승진이나 업무 실적을 평가하는 잣대로 활용된 지 이미 오래일 뿐 아니라, 경영 성과에도 영향을 미치는 요소로 부각되고 있는 상황이다. 그만큼 직장생활에서 프레젠테이션이라는 필수역량이 화두가 되었다는 방증이다. 그렇다면 어떻게 해야 프레젠테이션 능력을 향상시킬 수 있을까?

프레젠테이션 역량을 키우기 위한 핵심 요소를 공식으로 표현한다면 'C×S×P=100'으로 정리할 수 있다. 앞서 프레젠테이션의 개념을 설명하면서 언급한 내용이지만, 프레젠테이션은 내용 Contents, 전달 기술 Skill, 발표자의 태도 Personality가 잘 어우러져 한 편의 예술 작품을 만들어내는 행위이다. 어느 하나라도 모자라면 좋은 작품이 나올 수 없다.

만일 컨텐츠에 문제가 있을 경우 내용 면에서 깊이가 없는 가벼운 프레젠테이션이 되며, 전달 기술이 부족하면 내용이 좋아도 산만하고 기억에 남지 않는 프레젠테이션이 되기 쉽다. 또 발표자가 미숙하고 경험이 없으면 지루한 프레젠테이션이 된다. 따라서 좋은 프레젠테이션을 하려면 이 세 가지 핵심 요소를 반드시 고려해야 한다.

이 세 가지 핵심 요소를 달리 표현하면 프레젠터의 3P 능력이라고 부르기도 한다. 먼저 퍼스널 리소스 Personal Resources는 내용에 해당하는데 정보 수집과 가공을 통해 무엇을 말하려고 하는지, 프레젠테이션의 목표와 의도를 명확히 하는 과정이다. 또 프로세스 Process는 전달 스킬로 어떻게 말할 것인지에 해당한다. 매체 선택, 시각 효과, 표현

| 그림 6 | 베스트 프레젠터의 3P 능력

```
    Personal              Process              Performance
   Resources      +                    +
  • 정보 수집          • 가공 내용의 구성 및 가공    • 연기력(제스처)
  • 내용 숙지(지식)      • 진행 순서              • 연출력(A to Z 구성)
```

기법 등의 기술이 반드시 필요하다. 마지막으로 퍼포먼스는 프레젠터의 태도에 해당하는데 발표자는 자신감, 당당함, 호감, 신뢰감 등을 줄 수 있어야 한다.

베스트 프레젠터가 되기 위해서는 이 세 가지 범주에 해당하는 다양한 능력을 필요로 한다. 충실한 내용을 전달하기 위해서 실무 지식과 제품 정보 등 많은 지식이 필요하며, 내용을 효과적으로 전달하기 위해서 이해력과 판단력, 창의력 등이 요구된다. 또한 충실한 내용과 효과적인 전달 기술을 제대로 활용할 수 있는 프레젠터가 필요하다. 이런 능력들은 하루아침에 해결되지 않는다. 수많은 노력과 경험을 통해서만 쌓아갈 수 있다.

▶▶ 플라톤이 말하는 훌륭한 연설가의 조건

① 주제와 관련된 사실들을 잘 알고 있어야 한다.
② 분석하고 종합할 수 있어야 한다.
③ 발표 내용을 구성하고 논리적으로 정리할 수 있어야 한다.
④ 청중이 어떻게 반응하는가를 알아야 한다.
⑤ 청중이 말하는 것을 진심으로 믿어야 한다.

'알고 있는 것'과 '설명할 수 있는 것'의 차이

언젠가 고등학교 학생들에게 논술에 대비하여 '논리적 설명과 표현'이라는 주제를 가지고 특강을 한 적이 있다. 그런데 자신의 생각을 사람들 앞에 나와 체계적으로 설명할 수 있는 능력을 가진 아이들이 그리 많지 않았다. 왜 그런지 알아내기 위해 학생들에게 최근 이슈가 되고 있는 신문 내용을 주제로 짧은 질문을 몇 개씩 던지면서 반응을 살펴보았다. 그런데 앞에 나와 설명을 하지 못하는 학생들도 필자가 던지는 질문에 핵심적인 단어를 사용하여 대답하는 것이었다. 그 정도의 대답이라면 내용을 훤히 파악하고 있다고 생각해도 될 정도였다.

그렇다면 문제는 무엇이었을까? 그것은 바로 설명하는 기술, 즉 표현 기술인 프레젠테이션 능력이 떨어진다는 것이다. 이는 현대 사회에서 가장 필요한 프레젠테이션에 대한 교육이 제대로 이루어지지 않았다는 방증이다. 그로 인해 어떤 사안에 대해 알고 있으면서도 제대로 설명하지 못하는 반쪽짜리 사회인을 양산하는 근본 원인이 되고 만 것이다.

미국에서는 초등학교에서부터 대학에 이르기까지 소위 '대화법'이라는 과정을 학생들에게 철저히 교육한다. 또한 대화법 교육의 연장선상에서 프레젠테이션 과목의 비중을 높여가는 추세다. 각종 토론과 프레젠테이션 훈련을 통해 사회생활을 할 때 자신의 생각이나 알고 있는 사실들을 청중 앞에 풀어놓을 수 있는 표현 기술을 훈련시키는 것이다.

이제 우리도 '알고 있는 것을 제대로 설명할 수 있도록 하는 교육'

에 관심을 기울여야 한다. 그러한 과정이 반복될 때 자연스럽게 프레젠테이션에 대한 능력이 쌓이게 될 것이다. 결국 프레젠테이션의 능력은 단순히 '알고 있다'는 것과 그것을 '설명할 수 있다'는 것의 차이라고 할 수 있다.

실수에 대처하는 방법

실수는 누구나 할 수 있다. 그러나 실수에 대처하는 방법에 따라 결과는 달라진다. 필자가 알고 있는 유명 강사들도 1년에 한두 번은 그들의 표현으로 '죽 쑤었다'고 할 만큼 강의를 망치는 경우가 있다. 필자 또한 강의를 업으로 하는지라 살인적인 스케줄에 따라 강의를 진행하는데 그 많은 시간을 실수 없이 성공적으로 마친다는 것은 사실 불가능한 일이다.

하지만 소위 명강사라는 사람들은 실수를 하더라도 대처하는 자세가 다르다. 이를 관찰해 보면 그가 왜 명강사인지 알 수 있다. 그들은 실수를 거울삼아 기본으로 돌아가서 실수의 원인을 분석한다. 그리고 처음 시작했을 때의 마음가짐과 자세로 다시 시작한다. 그래서 그들은 명강사가 된 것이다. 이러한 기본자세가 프레젠테이션에도 그대로 적용되어야 한다.

실수에 대처하는 현명한 방법은 그것을 고치려고 노력하는 행동이다. 강자가 어떻게 쓰러졌는지 지적하는 사람은 비판가이지 행동가가 아니다. 명예를 얻는 것은 행동하는 사람이지 비판하는 사람이 아니다. 행동하는 사람이 비판하는 사람보다 더 훌륭해질 수 있다. 행동하는 사람은 밑바닥에서 뒹굴면서 얼굴에 먼지와 땀이 피범벅이 되어 있는 사람이다. 그는 계속 실수하는 부족한 사람이지만 항상 수정하고 보완하며 대응한다. 결국 명예는 행동한 그 사람의 몫이 되는 것이다.

프레젠테이션도 마찬가지이다. 청취하고 비판하는 것도 좋지만 스스로 뛰어들어 행동해야 한다. 계속 실패하고 실수하면서도 씩씩하게 뛰는 자에게 명예가 돌아갈 것이다.

예화❶ 혼다 실패를 거울삼아 계속 도전하라

일본의 혼다자동차 창업자인 혼다 소이치로는 이런 말을 했다.

"내가 지금까지 한 일 중 99퍼센트는 실패였다."

프레젠테이션의 실패는 많은 사람들 앞에서 망신을 당했다는 점에서 씻을 수 없는 기억으로 남는다. 하지만 정작 두려워해야 하는 것은 실패 그 자체가 아니라 실패에 굴복하는 자신의 모습이다. 99퍼센트 실패해도 1퍼센트 성공할 수 있다는 자신감은 중요하다. 물론, 혼다 소이치로가 자신감만으로 성공에 도달하지는 않았다. 실패를 거울삼아 부족한 점을 메우고 다시 도전하고 또다시 도전했기 때문에 성공한 것이다.

예화❷ 링컨 열정으로 논리와 감동을 전달하라

치열하게 진행하고 무소의 뿔처럼 담대하게 행동하라. 미국 16대 대통령인 에이브러햄 링컨은 틀에 박힌 설교를 싫어했다. 그는 자신이 듣고 싶은 것은 열정적이면서 흥분해 있는 연설자의 이야기라고 말했다. 사람마다 성향이 다를 수는 있다. 하지만 청중은 지루하고 형식적인 설교 같은 내용을 듣기 위해 자리한 것이 아니다. 그들은 당신에게 무엇인가를 얻고 싶은 것이다. 그들은 새로운 정보를 갈망하기에 소중한 시간을 쪼개어 그 자리에 있는 것이다.

이 말은 프레젠터라면 반드시 새겨두어야 할 말이다. 사람의 마음은 그냥 감동하지 않는다. 미래에 대한 비전과 열정이 마음을 움직인다. 청중은 프레젠터의 열정을 통해 감동과 논리를 전달받는다.

실패하는 프레젠테이션의 조건

세상 모든 일에는 성공에 대한 원인과 실패에 대한 원인이 반드시 있다. 실패는 다음의 성공을 위한 중요한 경험적 자산이다. 하지만 실패에 대한 원인을 분석하지 못하고 좌절의 늪에 빠지면 아예 기회가 없어진다. 도전하지 않는다면 다시는 성공도 실패도 할 수가 없다.

일본 도요타자동차에서는 신입사원 시절부터 '생각하는 법-5Why'를 가르친다. 자동차 공장에서 문제가 발생하면 누구라도 라인을 멈출 수 있게 되어 있다. 그들은 문제가 발생하면 저마다 5번씩 'Why?'라고 물으며 문제에 대한 해결책을 찾는다.

프레젠테이션에 실패하는 원인에는 여러 가지가 있다. 한두 가지 요소가 잘못되어 실패할 수도 있으나 대개의 실패 요인은 복합적이다.

청중의 목적에 맞지 않는 주제로 상호 커뮤니케이션이 아닌 일방적인 프레젠테이션이 되었을 때, 발표자가 경험만 믿고 준비에 소홀했을 때, 청중의 지적 수준을 파악하지 않은 채 자신의 전문성만 믿고 덤볐을 때 실패하는 프레젠테이션이 되기 쉽다. 또 청중의 수준을 고려하지 않은 채 충분한 설명 없이 전문 용어를 남발하거나 청중의 질문에 명쾌한 답변을 하지 못하는 것도 실패의 원인이 된다. 그러나 가장 큰 실패의 원인을 분석해 보면 단연 '준비 부족'을 들 수 있다. 다른 요소들은 사전에 많은 시간을 들여 치밀하게 준비하면 충분히 해낼 수 있는 일들이지만, 준비 과정은 아무리 철저히 한다고 해도 짧은 기간 동

▶▶ **프레젠테이션 실패의 원인**

실패한 프레젠테이션에는 반드시 원인이 있게 마련이다. 예를 들어 초보자가 흔히 범하기 쉬운 실수 중 하나가 준비한 내용을 국어책 읽듯 하는 것이다. 자료를 신뢰할 만한 근거가 부족하거나 프레젠터가 답변을 제대로 하지 못하는 것도 문제다. 이는 프레젠터의 준비 부족으로 인해 발생한다. 프레젠터의 전달 능력이 부족하여 주어진 시간을 초과하거나 지루하게 진행하는 것도 청중을 실망시키는 요인이다.

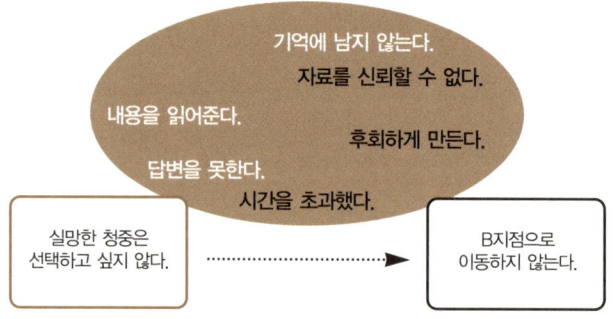

안에 습득할 수 없는 기술적인 문제들이 많다. 발표 현장의 심리 상태와 분위기에 따라 전혀 다른 상황과 행동이 나올 수 있기 때문에 가장 대비하기 어려운 부분이다.

성공하는 프레젠테이션의 조건

성공하는 프레젠테이션의 요소들은 무수히 많다. 주최측과 참가자 그리고 발표자가 삼위일체가 되는 것이 가장 이상적인 구조이다. 프레젠테이션의 성공은 이런 이상적이고 환상적인 관계 속에서 각자가 의무와 책임을 다 했을 때 가능한 결과다.

　주최측은 한 치의 오차도 없는 계획과 완벽에 가까운 프레젠테이션 환경이 설정됐는지 점검해야 하고, 발표자는 대상과 목적 그리고 장소를 파악하여 최선을 다해 성의 있게 준비해야 한다. 또 프레젠테이션에 참가한 청중은 주최측과 발표자가 의도하는 것을 명확하게 이해하고 무리한 요구나 흐름을 방해하는 질문을 자제하여 좋은 분위기를 만들 수 있도록 협조해야 한다. 이런 것들이 지켜지면서 일사불란하게 물 흐르듯 진행된다면 반드시 성공하는 프리젠테이션이 될 수 있다.

　성공하는 프레젠터는 프레젠테이션으로 자신의 역량과 자기 회사의 필요성을 어필하는 데 최고의 수준을 보여주어 결코 다른 사람이 넘볼 수 없는 경지를 이룬다. 그런 프레젠터들의 프레젠테이션에는 3가지 공통적인 성공 요인이 있다.

　첫째, 참석한 청중들에게 강한 신뢰감을 준다.

둘째, 단번에 이해할 수 있도록 비주얼을 이용하여 청중을 설득하는 능력이 있다.

셋째, 준비된 자세로 위기 상황에 잘 대처하고 난해한 질문에 완벽하게 답변한다. 그리하여 마지막까지 신뢰를 유지하면서 설득에 따른 결과를 얻어낸다. 이처럼 프레젠테이션으로 자신의 의사를 정확히 표현할 수 있어야 성공할 수 있다.

프레젠터 자신을 파악하는 방법

필자가 프레젠테이션을 강의를 시작하면서 늘 하는 실습이 있다. 우선 기존 교육생의 프레젠테이션 동영상 자료 중 가장 최악의 동영상 여러 편을 편집하여 참가한 교육생들에게 5분 정도 보여준다. 그런 다음 교육생들에게 동영상 중에서 프레젠터의 꼴불견을 찾아 팀 단위로 목록을 작성하게 하고 발표를 시킨다.

그들이 작성한 목록에는 거의 예외 없이 다음과 같은 사항이 포함되어 있다. 준비 부족, 유머 부재, 보조 장치 사용 미숙, 부적절한 시간 배분, 장황한 발표 내용, 발표자의 중얼거리는 말투, 시선 처리 미숙, 잘 들리지 않는 목소리, 빠르고 느린 말의 속도, 눈에 거슬리는 팔 동작, 너무 겸손을 차리는 태도, 명확하게 드러나지 않는 주제, 신경과민을 의심케 하는 표정, 편안하지 않은 실내 분위기, 질문에 답변하지 못하는 대처 능력 부재, 부족한 예행연습 등이 그것이다.

경험적으로 볼 때 이 실습에서는 긍정적인 평가 항목을 작성하는 것보다 부정적이고 비판적인 평가 항목을 작성하는 것이 더 효과적이다. 이 책을 읽고 있는 여러분도 동료들에게 프레젠테이션을 지켜보게 하고 평가를 부탁한다면 대부분 부정적인 반응과 다양한 개선 사항이 나올 것이다.

프레젠테이션 평가표를 이용한 자가 평가 연습

프레젠테이션 평가표를 사용하여 프레젠테이션이나 회의 그리고 일대일 대화에서 현재의 전반적인 프레젠테이션 기술들을 평가해 볼 필요가 있다. 다양한 항목을 적용함으로써 최근에 자신이 진행한 프레젠테이션을 스스로 평가해 볼 수도 있을 것이다. 동료나 상사에게 평가를 내리도록 부탁하여 그들의 의견을 냉정하게 경청하는 것도 좋은 방법이다.

❶ 준비

- 프레젠테이션의 목적을 잘 알고 있는가?   1점 2점 3점 4점 5점
- 청중에게 목적이 명확하게 전달되었는가?   1점 2점 3점 4점 5점
- 청중에 대해 조사했는가?   1점 2점 3점 4점 5점
- 청중이 무엇을 원하는지 확실히 알고 있었는가?   1점 2점 3점 4점 5점
- 자신이 무엇을 이야기할지 명확히 알고 있었는가?   1점 2점 3점 4점 5점
- 충분한 사전 연구와 연습을 했는가?   1점 2점 3점 4점 5점
- 논리적인 순서로 발표할 내용을 정리했는가?   1점 2점 3점 4점 5점
- 설득력 있는 발표를 위해 주제를 나열해 보았는가?   1점 2점 3점 4점 5점
- 장소와 사용 매체를 사전에 점검했는가?   1점 2점 3점 4점 5점
- 보조 장비는 사전에 테스트했는가?   1점 2점 3점 4점 5점
- 실전과 같은 상황에서 리허설을 했는가?   1점 2점 3점 4점 5점
- 청중의 질의응답에 대해 생각해 보았는가?   1점 2점 3점 4점 5점

❷ 전달

- 프레젠테이션 전에 초조함을 느꼈는가?　①점 ②점 ③점 ④점 ⑤점
- 프레젠테이션 도중에 초조함을 느꼈는가?　①점 ②점 ③점 ④점 ⑤점
- 심리 상태를 안정적으로 조절했는가?　①점 ②점 ③점 ④점 ⑤점
- 발표 태도에 자신감이 있었는가?　①점 ②점 ③점 ④점 ⑤점
- 준비한 자료보다 청중을 더 많이 보며 발표를 했는가?　①점 ②점 ③점 ④점 ⑤점
- 시청각을 위한 도구를 사용했는가?　①점 ②점 ③점 ④점 ⑤점
- 효과적으로 말의 고저를 조절하여 전달했는가?　①점 ②점 ③점 ④점 ⑤점
- 효과적으로 말의 속도를 조절하여 전달했는가?　①점 ②점 ③점 ④점 ⑤점
- 효과적으로 말의 강약을 조절하여 전달했는가?　①점 ②점 ③점 ④점 ⑤점
- 내용 전달을 위해 말을 적절하게 끊어서 전달했는가?　①점 ②점 ③점 ④점 ⑤점
- 지속적으로 청중과 시선을 마주쳤는가?　①점 ②점 ③점 ④점 ⑤점
- 제스처를 효과적으로 사용했는가?　①점 ②점 ③점 ④점 ⑤점
- 발표하는 동안 열정적인 태도를 계속 유지했는가?　①점 ②점 ③점 ④점 ⑤점
- 초기 도입, 즉 시작 부분에서 강한 이미지를 심어주었는가?　①점 ②점 ③점 ④점 ⑤점
- 질의응답은 잘 진행되었는가?　①점 ②점 ③점 ④점 ⑤점
- 깔끔하고 상쾌하게 마무리를 했는가?　①점 ②점 ③점 ④점 ⑤점
- 메모 노트와 준비된 사례를 효과적으로 사용했는가?　①점 ②점 ③점 ④점 ⑤점
- 청중과 조화로운 분위기를 유지했는가?　①점 ②점 ③점 ④점 ⑤점

- 청중이 관심을 갖고 반응을 보이며 집중했는가? ①점 ②점 ③점 ④점 ⑤점
- 유머와 예화 사용에 효과가 있었는가? ①점 ②점 ③점 ④점 ⑤점
- 청중이 프레젠테이션에 만족했는가? ①점 ②점 ③점 ④점 ⑤점

❷ 결말

지금 현재 당신의 점수는 몇 점인가?

프레젠테이션을 하려는 사람들은 모든 과정에서 빠뜨리면 안 될 두 가지 중대한 사항을 잊어버리는 나쁜 습관이 있다. 세심한 준비와 철저한 사전 예행연습이 그것이다.

만약 당신이 이미 구체적인 프레젠테이션을 하기 위해 최소한의 경험과 필요 지식을 보유하고 있다면 이 두 가지 과정을 실행하는 것으로 상당한 효과를 볼 수 있을 것이다.

다른 사람들과 충분한 사전 연습을 할 기회를 갖지 못했다면 훌륭한 결과를 얻을 수 있도록 발표할 자료의 대본과 프레젠테이션에서 요구하는 전달 방법을 중점적으로 연구할 필요가 있다. 책은 단지 이론일 뿐이다. 반복적인 연습을 하는 것만이 좋은 프레젠테이션을 할 수 있는 비결임을 잊지 말아야 할 것이다.

최강의 프레젠테이션을 위한 마인드컨트롤 06

프레젠테이션은 미리 준비하고 보완할 수 있는 부분이 있는가 하면 준비가 불가능한 부분도 많다. 가령 프레젠테이션 슬라이드 같은 것은 미리 만들어놓기 때문에 미비한 점을 점검하고 보완해서 완벽하게 준비할 수 있다. 하지만 라이브로 진행되는 부분을 완벽하게 해내기란 쉽지 않다. 몇 번의 연습을 거쳐 매끄럽게 진행할 수 있게 되었다 해도 순간순간 상황에 맞게 대처하거나 분위기에 따라 감성적인 부분들을 미리 준비한다는 것은 거의 불가능하다. 그때그때 분위기에 맞게 발표자 스스로 꾸려나가는 수밖에 없다.

조화로운 발표자가 되라

감동적이고 역동적인 음악을 들어본 적이 있는가? 훌륭한 연설이나 대화는 길고 짧음에 관계없이 감동적인 음악과 같다. 음악이란 여러 개의 악절 또는 악장으로 이루어져 있다. 어떤 부분은 조용하고 사색적이다. 또 어떤 부분은 흥미롭고 웅장하며 호기심을 유발하기도 한다. 단순하고 섬세하며 화려한 악장도 있다. 이 모든 다양한 요소들이 어우러져 감정과 이성을 자극하고 청중에게 만족감을 안겨준다. 음악에 여러 종류의 악절과 악장이 있는 것처럼 프레젠테이션에도 부분마다 다양한 요소들이 존재한다.

성공적인 프레젠테이션이란 고된 연구와 지적인 열정 그리고 새로운 아이디어를 흥미로운 방법으로 설득한 결과일 것이다. 수많은 프레젠테이션은 팀의 공동 노력으로 이루어진다. 그러나 가장 중요한 것은 바로 프레젠터인 발표자 자신이다. 발표자는 자신이 특정 시간과 특정 장소에 영향력을 발휘하는 행사의 최종 마무리 임무를 떠맡고 있다는 사실을 잊으면 안 된다. 성공적인 프레젠테이션을 수행하고 나면 발표자의 대인관계가 달라짐은 물론, 팀의 사기에도 상당한 영향을 주게 된다.

당당한 자신감과 열정을 개발하라

라이브로 진행되는 부분이 어려운 점은 거기에 반드시 열정이 담겨 있어야 하기 때문이다. 청중을 끌어들이기 위해서는 넘치는 에너지, 뜨거운 열의, 성실하고 진지한 태도, 온화한 미소, 다양한 움직임, 객석과 주고받는 끊임없는 교감을 통해 청중에게 발표자의 열정을 보여주어야 한다. 그렇게 된다면 그 프레젠테이션은 성공할 수밖에 없다.

자신감이나 뜨거운 열정을 지닌 프레젠터는 굉장한 무기를 지니고 있는 셈이다. 자신감과 열정은 마치 보이지 않는 레이저와 같다. 그것은 청중들의 마음속을 헤집고 들어가 그들을 자기편으로 만들고 마는 강력한 무기다.

자신감과 열정만큼 중요한 것은 없다. 자신감과 열정이 충만한 분위기는 청중을 압도하는 근원이다. 청중은 금방 당신에게 빠져들 것이다. 당당한 자신감이야말로 성공의 비결이다. 미국의 사상가 에머슨은 성공의 첫번째 비결로 자신감을 꼽았고, 스티븐 스코트는 성공을 위한 최고의 연료는 열정이라고 했다. 그런가 하면 슈와프는 사람이 무한한 열정을 품고 있는 일에는 대부분 성공한다고 했다.

골든게이트 브리지(금문교)는 캘리포니아를 대표하는 상징물과도 같다. 이 다리에는 자신감과 관련된 의미심장한 실화가 있다. 다리 공사를 시작한 초기, 다리 밑의 빠른 바닷물 속도 때문에 인부들은 두려움을 안고 불안감에 떨며 일을 했다. 그런 탓인지 공사 중에 인부들이 추락하여 사망하는 일이 잦았다. 회사는 고민 끝에 거액을 투자하여 다리 아래에다 추락 방지를 위한 그물을 설치했다. 이후 공사 중에 추락하는 인부는 거의 없었고 당연히 사망하는 사람도 없었다.

이것은 바로 인부들의 마음속에 변화가 일어났기 때문이다.

"발을 헛디뎌 떨어져도 그물 덕분에 죽지는 않겠군."

이러한 믿음으로 인부들은 공포를 버리고 그 자리에 자신감을 채운 것이다. 프레젠테이션도 마찬가지다. '준비'와 '훈련'이라는 그물을 만들어 놓으면 저절로 자신감이 생긴다. 발표 도중 곤경에 처해도 자신이 만들어 놓은 그물이 실패라는 바다로 떨어지지 않도록 해줄 것이다.

❶ 자신감과 열정을 가져라

삶에 있어서 당당한 자신감과 열정은 매우 소중한 자산이다. 특히 프레젠테이션에서는 결정적인 요소이다. 인간은 마음먹기에 따라, 적절한 교육과 훈련에 따라 얼마든지 놀랍게 변화할 수 있는 무한한 잠재 능력을 가지고 있다. 문제는 자신감과 열정이다. 도전하라. 자신도 변화할 수 있다는 확신을 가지고 자신 있게 도전하라.

❷ 일관성 있는 태도가 신뢰를 이끌어낸다

일관성 있는 태도는 신뢰의 토대가 되는 강점이다. 신뢰는 평판과 직결된다. 당신이 아무리 간결하고 명쾌한 발언으로 동의나 지지를 얻어내려고 애쓴다 해도 태도에 일관성이 없다면 모두 공염불에 불과하다. 상대는 프레젠터의 그런 모습을 보고 어느 부분을 믿어야 할지 망설이게 될 것이다. 상대에게 믿음을 줄 수 있는 요소는 일관성 있는 태도이다.

❸ 자신이 흔들리면 상대의 반응을 이끌어낼 수 없다

프레젠터가 자신의 프레젠테이션에 확실한 신념을 갖지 못하면 태도에 자신감이 없어진다. 그러면 상대 역시 프레젠테이션의 내용에 확신을 가지지 못하게 된다. 결국 상대의 동의와 감동을 이끌어내기 어려워진다. 내용에 대한 확고한 신념을 가지고 프레젠테이션을 진행하라.

프로페셔널한 프레젠터의 조건

성공적인 프레젠테이션을 위해 프레젠터는 남의 눈에 비친 자신의 모습에 대해 잘 알고 있어야 한다. 스스로를 진단하고 자기 자신의 모습을 정확히 파악하고 있어야 청중에게 신뢰감을 줄 수 있다. 자신에 대해 정확히 파악할수록 청중을 설득할 수 있는 가능성은 높아진다. 또 자신을 알고 있으면 상대에 대한 판단이 빨라져 상황에 따라 흐름을 읽는 시야가 넓어진다. 이를 통해 미처 생각하지 못한 변수들에 대한 빠른 판단과 예리한 직관을 갖출 수 있다.

❶ 프로는 구체적이어야 한다

프로는 절대로 애매모호해서는 안 된다. 자신이 가지고 있는 테크닉에서 마음가짐에 이르기까지 "나는 이렇다"라고 확실하고 명료하게 대답할 수 있는 사람이어야 한다. 프레젠테이션은 프로 대 프로의 지적 게임이다. 따라서 프레젠터는 프로를 감동시키기 위해 자신이 가진 모든 능력을 쏟지 않으면 안 된다. 언어, 용모, 표정, 음성의 톤, 제스처 등 작은 것 하나까지 최선을 다해야 한다. 마치 주어진 역할에 대해 최고의 연기를 하는 프로 배우처럼 말이다.

❷ 간결하고 명쾌하게 구성하라

"아마추어는 문제를 복잡하게 만들지만, 프로는 명쾌함과 간결함을 추구한다."

르노닛산의 최고 경영자 카를로스 곤 사장이 학장 시절 깊은 인상을 받았다는 S. J. 라그로빌 신부의 말이다. 말은 길게 할수록 무슨 말인지 그 의미를 모를 경우가 많다. 그러므로 문장을 적절한 길이로 끊어서 리듬 있게 읽는 습관을 길러야 한다. 각양각색의 청중을 설득하기 위해서는 되도록 짧은 문장으로 간결하게 말해야 한다. 접속사로 문장과 문장을 연결하여 논리 있는 표현을 사용하고 군말은 없애야 한다. 적절한 지점에서 말을 잠깐 멈추는 쉼표의 기술과 다양한 음색으로 변화를 주며 시간을 맞출 줄 아는 테크닉을 익힌다면 더욱 금상첨화이다.

❸ 프레젠테이션은 되도록 짧게 하라

만약 영업사원이 당신의 집에 찾아가 "자세하게 설명할 수도 있고, 짧고 간단하게 설명할 수도 있습니다. 어느 쪽을 들어 보시겠습니까?"라고 물으면 어떻게 대답하겠는가. 물론 '짧고 간단하게 설명하라'고 대답할 것이다. 받을 사람이 원하는 것, 그것을 주는 것이 정답이다.

▶▶ 프로페셔널한 프레젠터란?

일단 청중 앞에 서면 아무리 노련한 프레젠터라도 떨리게 마련이다. 그렇다고 해서 당황할 필요는 없다. 다음과 같은 기본적인 조건을 갖추고 있으면 된다. 청중의 규모에 맞게 진행 속도를 탄력적으로 조절하고, 자신만의 음성 스타일을 개발하여 특색 있는 프레젠테이션을 만들어야 한다. 그리고 청중이 여러 사람일 때에도 일대일로 대화하듯 자연스럽게 진행해야 하며, 항상 자신감을 갖고 있어야 한다. 이때 자신감이 자칫 오만으로 보일 수 있으므로 더욱 겸손하고 공손한 태도를 갖춰야 한다.

STEP 2 준비

PT를 위한 PT로 승부하라

프레젠테이션은 목적에 따라 방법과 운영이 달라진다. 사업 목적의 설득 프레젠테이션인지, 교육 목적의 설명 프레젠테이션인지, 혹은 친목을 위한 엔터테인먼트형 프레젠테이션인지에 따라 준비도 달라야 한다. 프레젠테이션 준비 단계에서는 목적을 구체화하는 작업과 함께 청중 중에서 누가 핵심 인물인지 찾아내야 것이 급선무다. 수많은 사람들 중에서 의사결정권을 가진 핵심 인물인 키맨을 찾아낸다면 그에게 모든 눈높이를 맞추어야 한다. 사고방식, 관심 분야, 업무 능력, 의사결정 성향 등 그의 모든 것을 분석하여 반론에 대비하라.

성공적인 PT를 위한 3P 분석

청중 속의 키맨에게 어필하라

목적이 분명한 프레젠테이션은 반드시 통한다

장소를 파악하여 주변의 악조건을 제거하라

Presentation
1막 2장

07 성공적인 PT를 위한 3P 분석

프레젠테이션의 본질은 '내가 왜 이곳에 왔는가?'에 대한 정답 맞추기 게임이라고 할 수 있다. 성공적인 프레젠테이션을 위해선 준비 단계에서 듣는 사람 People, 목적 Purpose, 실행 장소 Place를 의미하는 3P에 대해 철저히 분석하는 것이 중요하다. 계획적이고 철저한 3P 분석을 실시한다면 성공적인 프레젠테이션을 위한 준비의 절반은 끝난 셈이다. 첫째, 프레젠테이션을 하는 목적이 무엇인지 분명히 알아야 한다. 프레젠테이션의 목적이 분명하지 않으면 성공적인 프레젠테이션을 기대할 수 없을뿐더러 청중의 호응을 얻기 어렵다. 둘째, 청중을 분석해야 한다. 때때로 프레젠테이션은 청중을 설득하는 어려운 작업이다. 프레젠테이션에서 청중은 아군이 아니라 적군일 수도 있다. 적과의 피 튀기는 전쟁에서 승리하기 위해서는 반드시 청중을 분석해야 한다. 셋째, 장소를 분석해야 한다. 모든 준비를 완벽히 했다고 하더라도 장소에 대한 분석에 소홀하면 갑작스런 돌발 사태에 대비하기 어렵다. 그러므로 중요한 프레젠테이션일수록 뜻하지 않은 실수를 범하지 않도록 프레젠테이션 장소에 대한 사전 답사를 철저히 해야 한다.

청중 분석

청중은 프레젠테이션의 참석자로 프레젠테이션의 성격에 따라 고객, 투자자, 회사 직원, 모임의 회원, 팀원 등 다양한 이들로 구성된다. 만일 모든 청중이 같은 목적으로 참석한다면 한결 수월하게 프레젠테이션을 준비하거나 진행할 수 있을 것이다. 그러나 이런 경우 처음에는 편하게 진행할 수 있지만 시간이 흐를수록 지루함을 느끼게 된다.

프레젠테이션에서 가장 중요한 것은 발표자가 말하고 싶은 것을 이야기하는 것이 아니라 청중이 듣고 싶어하는 것을 말해야 한다는 점이다. 따라서 청중이 갖고 있는 각각의 성향을 프레젠테이션 시작 전에 미리 계획하고 분석해 두어야 한다. 그것이 성공 프레젠테이션으로 연결되는 지름길이다.

청중을 파악할 수 있는 몇 가지 질문이 있다. 청중은 누구인가? 무엇을 원하는가? 청중에게 어떤 가치나 이익을 줄 것인가? 청중들로부터 얻을 수 있는 것은 무엇인가? 이처럼 사전에 청중에 대해 면밀히 분석한다면 프레젠테이션의 방향과 수준을 결정하는 데 상당한 도움이 된다.

예를 들면 프레젠터가 구사해야 할 유머의 수준만 해도 청중의 성향에 따라서 엄청나게 달라진다. 또 청중의 수에 따라 프레젠터의 자세와 태도 역시 달라진다. 청중의 수가 적으면 관광 가이드처럼 자신의 전문 분야를 쉽고 상세하게 프레젠테이션해야 한다. 이 경우 시선을 집중시키고 반응을 확인하는 것이 어렵지 않다. 따라서 청중의 관심과 분위기를 발표자의 의도대로 이끌어가는 것이 비교적 쉽다. 사람이 적으면 청중들은 더욱 긴장하고 집중하기 때문에 일대일로 대화를 시도하는 것도 좋은 방법이다.

반대로 청중의 수가 많으면 프레젠터는 주입식 또는 강의식 프레젠테이션을 하기 쉽다. 청중의 긴장감이 떨어져 집중도가 낮아지기 때문이다. 그러나 이런 경우에도 청중의 참여를 유도해야 한다. 이때는 전체가 참여할 수 있는 공통 관심사를 통해 시선을 유도하는 것이 좋다. 질문을 던지는 것도 좋은 방법이다.

한편 청중이 많으면 발표자가 청중의 수에 압도되어 긴장을 하거나 실수를 하기 쉬우므로 미리 대비할 필요가 있다. 가령 청중이 많은 경우 마이크 사용에 익숙해진다거나 마이크를 쓸 때 손동작이나 말투에 소홀해지지 않도록 하는 등 사전에 준비를 철저히 한다.

청중의 수준을 파악하는 것도 중요한 문제이다. 물론 사람마다 수준이 모두 다르므로 기준을 통일시키기가 쉽지는 않다. 프레젠테이션의 수준을 어디에 맞출지 고민스러울 때는 평균 이상의 수준을 가진 청중을 위해 일부 내용의 수준을 높일 필요가 있다. 수준 높은 청중은 대개 그 집단의 의사결정권자인 경우가 대부분이므로 신경을 쓸 필요가 있기 때문이다. 모든 청중을 동시에 다 이해시킬 수 있다면 좋겠지만 이것은 불가능한 일이므로 가장 먼저 의사결정권자에게 맞추는 것이 중요하다. 나머지 청중들은 절반만 이해시켜도 성공적이라고 할 수 있다.

목적 분석

목적 분석은 프레젠테이션의 출발점이다. 어떤 내용을 제시할 것인가에 해당되는 '무엇', 프레젠테이션을 실시하는 이유에 해당되는 '왜', 설득을 통해 얻고자 하는 '결과'를 명확하게 정리하고 계획해야 한다. 이것은 청중의 성향을 파악하는 질문과 비슷하지만 목적을 분석할 때에도 다시 한번 던져봐야 할 질문이다.

① 청중은 무엇을 기대하는가?
② 나는 왜 프레젠테이션을 하는가?
③ 청중으로부터 무엇을 얻고 싶은가?

이 부분은 비교적 쉬운 단계이다. 왜냐 하면 프레젠테이션 계획을 세우면서 이미 목적이 무엇인지 알게 되기 때문이다. 프레젠테이션을 하는 목적에는 여러 가지가 있다. 제품의 정보 전달과 제품 소개, 사업 진행을 위한 고객 설득과 투자 제안, 사기 진작이나 동기부여, 기념식 등의 행사 등 다양하다. 다른 사람들과 의견을 교환하고 서로 무엇인가를 주고받는 것은 모두 프레젠테이션의 범주에 들어간다고 보아도 좋다.

확신하건데 청중은 프레젠터의 목적이 무엇인지에는 관심이 없다. 청중은 자신들에게 유익한 이야기를 듣고 싶어하고, 그것만 얻어내면 그만이다. 그러므로 청중의 편익을 위해 오감을 만족하는 내용을 전달해야 한다.

프레젠테이션의 순서는 '아, 그렇게 말하니까 그런 것 같군!' 하는 생각이 들게 하고, '과연 그렇군!' 하고 느끼게 만들며, '그래, 그렇게 해보자!' 하는 식으로 행동을 유도하게끔 구성해야 한다. 이것이 곧 목적 분석의 과정이기도 하다.

장소 분석

3P 분석 중에서 장소에 대한 분석은 가장 소홀하기 쉬운 부분이다. 그러나 프레젠테이션에 성공하기 위해서는 프레젠테이션 장소에 대해서도 꼼꼼하게 계획을 세워 분석할 필요가 있다. 프레젠테이션이 실패로 끝나는 원인 가운데 장소 분석 부재로 인한 문제가 가장 빈번하게 나타나기 때문이다.

장소 분석이 잘못되면 프레젠터는 치명적인 실수를 범하기 쉽다. 예상하지 못한 돌발 사태가 자주 발생하면 임기응변으로 대처하는 데에도 한계가 있게 마련이다. 그러므로 프레젠테이션의 일정이 잡혔다면 진행할 장소에 대한 사전 답사를 진행하는 것이 좋다.

발표 장소를 분석할 때는 프레젠테이션의 성격에 따라 발표 장소의 좌석 배열과 단상의 위치, 스크린의 위치 등이 어떻게 달라져야 하는지 꼼꼼히 살펴봐야 한다. 더 나아가 토의 형식으로 진행하는지, 설명 형식으로 진행하는지에 따라서도 좌석의 배치는 달라질 수 있다. 그러므로 청중들 간에 서로 의사소통을 할 수 있는지, 프레젠터 입장에서 청중이 한눈에 들어오는 배열 구조인지 등을 고려해 발표 장소의 배치를 미리 반영해 놓는 것이 좋다. 예를 들어 프레젠테이션의 규모가 클수록 청중의 참여도는 줄어든다. 이런 경우 상황에 따라 참석한 청중들끼리 서로를 마주보게 하거나 커뮤니케이션이 잘 되도록 공간을 재배치하는 것이 좋다.

때로는 발표 장소를 확인하는 정도로 부족할 때가 있다. 중요한 발표를 앞두고 있다면 발표 장소는 물론, 그 주변까지 점검하여 프레젠테이션에 방해가 되는 요인이 없는지 살펴보는 꼼꼼함이 필요하다. 가령 교통편과 같은 외부적인 방해 요소가 있는지 점검하는 것이 이에 해당한다.

3P 분석은 프레젠테이션에서 가장 중요한 핵심 포인트에 속한다. 이 장에서는 3P 분석에 대해 개념 위주로 설명했지만, 다음 장에서는 각각의 요소에 대해 좀더 상세하게 설명하므로 참고하기 바란다.

08 청중 속의 키맨에게 어필하라

프레젠테이션 장소에 참석하는 사람들은 모두 해당 프레젠테이션과 직간접적인 관련이 있는 사람들이다. 직접 의사결정을 하는 사람 이외에도 의사결정에 중대한 영향을 미치는 사람, 실제 업무를 추진하는 실무자, 해당 분야의 전문가 등 다양하다. 프레젠터가 이런 청중들의 성향을 미리 알아둔다면 발표에 많은 도움을 얻을 수 있다. 누가 긍정적인 인물이고 누가 부정적인 인물인지, 또 누가 이득을 보고 누가 손해를 보는지 등의 사실만 알아도 발표 내용에 대한 논리를 쉽게 개발할 수 있다. 설득과 유인의 정책을 적절하게 구사할 수 있는 것이다. 참석자들의 성별, 나이, 거주지 등 인구통계학적 특성도 도움이 된다. 심리적 특성, 행동 양식까지 파악할 수 있다면 더욱 성공적인 프레젠테이션이 될 수 있다.

| 그림 7 | 연령대에 따른 청중 분석

연령	고연령	저연령
특징	보수적, 실제적	혁신적, 낙천적
성격	실리주의	이상주의
프레젠테이션 시 유의사항	공식적, 논리적 구성 온건한 개혁	비공식적, 도전적, 혁신적 구성 새로운 제안

| 그림 8 | 성별에 따른 청중 분석

성별	남성	여성
특징	논리적, 분석적	감성적, 주관적
프레젠테이션시 유의사항	통계숫자, 논리적 화법, 추상적 개념	경험담, 감성적 접근, 구체적 사례

| 그림 9 | 사회·경험적 지위에 따른 청중 분석

사회·경험적 지위	높음	낮음
특징	지식 수준 및 영향력 높음	지식 수준 및 영향력 높음
프레젠테이션시 유의사항	전문가로서의 의견 분명한 언어 선택	알기 쉬운 내용 평이한 언어 선택

청중의 스타일을 파악하는 기술

청중 분석이 제대로 되어 있지 않으면 정보 전달의 수준이 서로 맞지 않아 이해하기 어렵거나 지루한 프레젠테이션이 되기 쉽다. 청중의 수준을 모르면 어휘를 선택하는 데 애를 먹을 수 있으며, 유머를 구사하더라도 효과를 기대할 수 없게 된다. 청중의 반응을 무시한 채 자신이 준비한 자료만 쏟아내는 것은 프레젠테이션의 취지에도 어긋나는 일이다.

몇 가지 핵심적인 질문을 던져보면 청중의 스타일을 파악할 수 있을 뿐더러 프레젠테이션의 목적까지 챙길 수 있다. 다음의 여섯 가지 핵심 질문을 던져보고 스스로 답을 구하는 노력을 기울이다 보면 청중을 파악하는 나름의 노하우가 생길 것이다.

질문 ❶ 참석하는 사람은 어떤 부류인가?

청중은 누구인가?
청중은 어떤 계층의 사람들인가?
청중은 당신을 지지하는 사람들인가?
청중은 프레젠테이션에 흥미는 갖고 있는가?
청중은 강요에 의해 참석했는가?
청중은 주제에 관해 무관심한가?
청중은 이 분야에 대해 잘 알고 있는가?
청중은 서로 관련이 없는 사람들인가?
청중의 수는 얼마나 되는가?
청중의 환경과 여건은 어떠한가?

청중의 지식 수준은 어떠한가?

청중이 할애해 줄 수 있는 시간은 얼마나 되는가?

질문 ❷ 청중은 무엇에 대해 듣기를 원하는가?

청중이 프레젠테이션에 참석하는 이유는 무엇인가?

어떤 수준까지 정보를 주어야 하는가?

청중이 이미 알고 있는 사항은 무엇인가?

청중이 프레젠테이션을 통해 알아야 할 사항은 무엇인가?

청중이 얻고자 하는 것은 무엇인가?

질문 ❸ 프레젠테이션을 하는 목적은 무엇인가?

발표자와 최고 경영자의 목적은 무엇인가?

청중에게 말하고자 하는 바는 무엇인가?

주요 메시지는 무엇인가?

궁극적인 프레젠테이션의 목적은 무엇인가?

질문 ❹ 프레젠테이션은 언제 하는가?

리허설과 준비를 위해 주어진 시간은 얼마나 되는가?

프레젠터가 준비 기간에 해야 할 일들은 무엇인가?

질문 ❺ 프레젠테이션은 어디에서 하는가?

발표 장소를 지도에서 찾을 수 있는가?

주차장이 있는 장소인가?

예약이 되어 있는가?

리허설을 할 만한 여건은 되는가?

강의실의 크기는 어느 정도인가?

이용할 수 있는 편의시설은 무엇인가?(차나 커피를 대접할 수 있는지 여부)

그밖에 도움을 받을 수 있는 시설이 있는가?

질문 ❻ 청중에게 어떤 방식으로 메시지를 전달하고 이해시킬 것인가?

강의 | 공식적으로 교재를 사용할 것인가? 비공식적으로 할 것인가?

브리핑 | 비공식적으로 할 것인가?

토론 | 계속적인 질문을 던질 것인가? 아니면 복습을 할 것인가?

청중이 말하도록 유도하는 쉼표 전략

셰익스피어는 《햄릿》을 통해 "말은 간결함이 생명이다"라고 했다. 훌륭한 프레젠터는 언제 이야기를 멈추고 청중에게 말할 기회를 주어야 하는지 안다. 청중이 프레젠테이션에 참여하도록 유도하면 '프레젠터가 청중에게'라는 일방 통행식 화법에서 '우리'라는 동류항 상황으로 프레젠테이션의 스타일이 바뀔 것이다. 이렇게 하면 참가자 모두를 프레젠테이션으로 끌어들이게 되며, 청중은 자신의 생각이 반영되기 때문에 만족도가 높아진다.

여기서 가장 중요한 기술은 '쉼표 전략'이다. 가끔씩 청중에게 질문하고 대답이 나올 때까지 기다리는 것이다. 대답이 없더라도 조급하게 굴거나 당황하지 말고 기다리자. 그러면 어색한 분위기를 깨뜨리기 위해, 혹은 발표자의 입장을 걱정하여 대답을 하는 이가 청중 가운데 반드시 있다. 단, 질문을 하되 정답이 하나인 폐쇄형 질문을 하면 최악의 분위기가 된다. 개방형 질문이 특효약이다. 예를 들면 다음과 같다.

- 질문 1 | 대한민국 산 중에서 가장 아름다운 산은 어디입니까? → 개방형 질문으로 누구나 주관적으로 대답할 수 있다.
- 질문 2 | 대한민국 산 중에서 가장 높은 산은 어디입니까? → 폐쇄형 질문으로 정답을 모르면 아무도 대답할 수 없다.

만일 청중에게 질문을 던졌는데 아무도 대답하지 않는다면 발표자

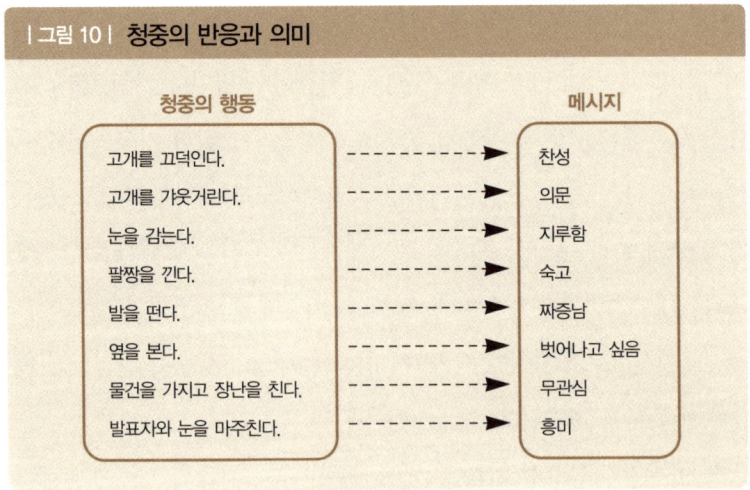

| 그림 10 | 청중의 반응과 의미

가 적극적으로 대답할 사람을 청중 중에서 찾아야 한다. 모든 프레젠테이션 장소에는 소위 '키맨 Key-Man이 있게 마련인데, 키맨은 언제나 말하고 싶은 욕구가 가득하여 발표자의 질문에 대답할 준비가 된 인물이다. 다만 키맨은 하고 싶은 말이 많기 때문에 길게 말하려는 버릇이 있으므로 짧게 대답해 달라는 부탁과 함께 질문하라.

최종 의사결정을 행사하는 키맨 대응방법

키맨은 프레젠테이션의 최종 의사결정을 좌지우지하는 핵심 인물이다. 이 사람의 목적만 달성되면 나머지 결과는 저절로 따라온다. 따라서 프레젠터의 입장에서는 키맨이야말로 가장 신경을 많이 써야 할 사람이다.

《The Presentation Skills Workshop》의 저자인 비엔베뉴 Bienvenu에 따르면 의사결정권자인 키맨은 1차 청중일 수도 있고, 숨겨진 청중일 수도 있다고 했다. 어쨌든 성공적인 프레젠테이션을 이끌기 위해선 무조건 키맨을 찾아 적극적으로 눈높이를 맞추는 것이 중요하다. 또 키맨의 관심 분야를 고려한 사례를 들어 키맨의 머리(이성적 논리)와 가슴(감성적 코드)이 녹아내리도록 노력을 집중해야 한다.

키맨에 대해서는 사전에 자세히 분석해 둘 필요가 있다. 그의 사고 방식, 관심사, 표현 방식, 업무 능력, 의사결정 성향 등을 미리 알아두면 프레젠테이션 진행에 많은 도움이 된다. 의사결정권자인 키맨을 어느 정도 설득했는지에 따라 프레젠테이션 내용에 대해 청중은 동의형,

의심형, 무관심형, 그리고 반론형의 4가지 태도로 반응한다.

첫째, 자신과 의견이 다른 부분이나 세부적인 사항에 대해 반대하는 태도를 보이는 반론형이다. 이 경우 예측 가능한 반론들을 미리 작성하여 그에 대한 답변을 사전에 준비해 두었다가 반론이 나올 경우 군더더기 없는 깔끔하고 명쾌한 답변으로 설명하면 효과가 있다.

둘째, 의견이 다른 부분들에 대해 자신의 생각과 맞지 않으면 아예 관심을 보이지 않은 무관심형이다. 이 경우 인내심을 갖고 상세한 설명을 추가하고 관심을 불러일으킬 수 있도록 해야 한다.

셋째, 세부적인 사항에는 관심을 가지지만, 의견이 다른 부분에 대해서는 의구심을 갖는 의심형이다. 이들에게는 명확한 증거를 제시하고 의견이 다른 점이나 세부 설명을 할 때는 확신에 찬 어조로 말하는 것이 좋다.

넷째, 세부 사항에 동의하며 의견이 다른 부분에 대해 부정적인 반응을 보이지 않는 동의형이다. 이 경우 현재 진행하는 스타일이 적합하다는 뜻이므로 계속 진행하면 좋은 결과를 얻을 수 있다.

아울러 결정권을 지닌 키맨에게 도움을 주는 조력자가 누구인지 알고 있다면 금상첨화가 될 것이다. 이미 키맨과 조력자는 여러분의 프레젠테이션 내용에 대하여 사전 교감 및 의사결정의 방향을 어떻게 할 것인지 충분히 조율하고 나왔을 것이다. 결국 조력자 또한 의사결정에 막강한 영향을 미칠 수 있는 두번째 키맨이라는 사실을 명심하고 조력자에게도 관심을 놓아서는 안 된다.

| 그림 11 | 키맨의 4가지 반응과 대처방법

동의형	의심형
발표자의 의견과 설명에 동의 부정적 반응 없음 → 현재 스타일로 계속 진행한다.	관심은 있으나 효과에 대해선 의심 → 증거를 제시한다. 확신에 찬 태도로 중요한 부분을 강조한다.
무관심형	**반론형**
관심은 있으나 효과에 대해선 의심 → 관심을 이끌어내기 위해 상세한 설명을 추가한다.	발표자의 의견에 반대 → 예측 가능한 반론을 사전에 준비하여 명확히 말한다.

프레젠터의 4인 4색 스타일

동사적 의미로 '프레젠테이션하다'라는 말은 'PT하다', '발표하다', '브리핑하다' 등 다양한 의미로 사용되지만, 쉽게 '발표'의 개념으로 이해하면 된다. 프레젠테이션의 기본적인 목표는 '다른 사람에게 무엇인가를 보여주는 것'이기 때문이다. 여기서 보여주는 그 '무엇인가'는 재미있는 이야기가 될 수도 있고 제품이나 정보, 자료가 될 수도 있지만, 모두 발표자가 청중에게 '무엇인가'를 전달한다는 공통점이 있다. 그런 측면에서 발표자, 즉 프레젠터의 성향에 따라 해당 프레젠테이션의 분위기는 180도 달라진다.

프랑스 영화 《세 가지 색》의 감독인 크리스토프 키에슬로브스키는 색깔과 사람의 감정은 밀접한 관계가 있다고 했다. 프레젠터가 누구냐에 따라 같은 내용이라도 스타일이 달라질 수 있다는 의미다.

여러분은 어떤 색깔을 지닌 프레젠터인가? 자기 자신에 대해 잘 알지 못한다면 단점을 개선하고 장점을 살릴 수 있는 방법을 찾기 어렵다. 그러므로 자신이 어떤 프레젠터인지 알아보려는 노력이 중요하다. 가장 좋은 방법은 직접 프레젠테이션을 해보고 자신의 모습을 디지털 캠코더로 촬영한 다음 청중의 입장에서 냉정하게 분석해 보는 것이다.

여기서는 프레젠터의 유형을 빨강, 파랑, 보라, 회색 등 네 가지 색상으로 구분한 오길비 Ogilvy(광고대행사)사의 '색상 프레젠터'를 통해 자신이 어떤 스타일에 속하는지 살펴보고 스스로 장단점을 찾아보자.

유형❶ 빨강 감성적 프레젠터

빨강을 연상케 하는 프레젠터는 참여자의 관심을 쉽게 이끌어내기 때문에 청중의 열기가 느껴지는 프레젠테이션 분위기를 곧잘 조성하는 특징이 있다. 이들은 강한 카리스마를 지니고 있으며, 모험을 즐기는 스타일이다. 또 이성적이기보다 감성적, 폭발적, 직감적이며, 창조적, 즉흥적, 비체계적 특성을 지닌다. 다만 프레젠테이션을 할 때는 매우 인상적이고 감동적인 자극을 주지만 끝난 후에는 청중들이 들은 내용을 잘 기억하지 못할 수도 있다.

유형❷ 파랑 이성적 프레젠터

파랑을 연상케 하는 프레젠터는 이성적이며 쉽게 문제의 핵심을 파고든다. 마치 군대의 명령 체계처럼 일사분란한 논리를 펴 어느 누구도 반론을 제기하거나 의문을 품을 여유를 주지 않는다. 명석한 두뇌로 단숨에 청중을 매료시키며 논리적, 분석적, 이성적인 설득을 하는 것이 특징이다.

그들은 철저한 준비를 중요하게 여기며, 조직적이고 합리적이고 통찰력이 강하다. 덕분에 청중들은 '예리하다'는 평을 하게 된다. 기업에서 이상적으로 생각하는 프레젠테이션 유형이기도 하다.

유형❸ 보라 창의적 프레젠터

보라색을 연상케 하는 프레젠터는 빨강과 파랑의 중간 정도로 논리적인 면과 열정적인 면을 겸비한 프레젠터의 유형에 속한다. 이들은 탁월한 창의성을 바탕으로 청중의 스타일에 따라 자기 스타일의 태도와 언어를 변화시키는 카멜레온 타입이다. 철저한 사전 준비와 청중의 성향에 따른 적절한 언어 구사, 완벽한 연습, 이성과 감성을 적절히 조절하는 열정적인 자세로 청중의 관심을 끈다. 종종 청중에게 감동을 주는 유형이다.

유형❹ 회색 보수적 프레젠터

회색은 가장 안전하고 보수적인 느낌을 주는 색상이다. 회색을 연상케 하는 프레젠터는 전통을 중시하고 타협을 잘하며 중립적인 반면, 모험을 싫어한다. 대부분의 프레젠터가 이에 속하며, 사회생활과 집단생활에서 오래 살아남는 유형이다. 또 청중 위주라기보다 자기 위주로 사고하고 프레젠테이션을 하는 스타일이다. 빨강이나 파랑으로 변신하기 위해서는 적극적으로 시범을 보이고, 시청각 자료를 활용하면서 다양성을 보여주기 위해 노력해야 한다. 또 청중과 끊임없는 시선 주고받기를 통해 스크린 위주의 프리젠테이션을 진행하도록 개선해야 한다.

청중 분석 요약 시트

프레젠테이션 테마 :		날짜 :
	분석 결과	프레젠테이션에서의 주의점
청중 수		
인구통계적 분석		
지식분석		
청중의 자세		
핵심 인물		
분석결과 요약	❶ 청중의 흥미 열광적 중립 싫어함 ❷ 청중의 지식 전문가 어느 정도 전혀 없음 ❸ 청중의 태도 매우 호의적 중립 매우 비호의적 ❹ 청중의 관심도 매우 많음 중립 매우 적음	

09 목적이 분명한 프레젠테이션은 반드시 통한다

경쟁 사회에서 프레젠테이션 성공과 실패의 결과는 개인의 능력으로 간주될 뿐 아니라 회사의 경쟁력으로 합산되기 때문에 그 중요성이 점점 커지고 있다. 그러나 프레젠테이션이라고 해서 다 같은 프레젠테이션은 아니다. "무엇을 위한 프레젠테이션인가?"라는 질문에 대한 대답에 따라 프레젠테이션의 목적이 달라지기 때문이다.

성공적인 프레젠테이션을 진행하기 위해선 프레젠테이션의 목적을 항상 염두에 두어야 한다. 넓은 범주에서 볼 때 프레젠테이션의 목적은 정보 제공, 동기부여, 행동의 유발 등 세 가지로 정리할 수 있다. 이 세 가지 목적은 의사결정권자의 관심을 끌 수 있어야 하며, 그 근거는 어느 누가 봐도 타당하고 합리적이어야 한다.

목적에 따른 프레젠테이션의 구분

비즈니스 미팅이 많아질수록 프레젠테이션은 증가하게 마련이다. 개인적으로 남과 차별화된 새로운 프레젠테이션 방법을 개발해야 더욱 많은 기회를 얻을 수 있다. 오늘날 프레젠테이션이 증가하는 이유는 다음과 같다.

첫째, 다량의 기획서 및 제안서를 읽고 처리할 시간이 절대적으로 부족하다. 빠른 의사결정만이 경쟁력을 확보할 수 있는 길이라면 프레젠테이션이 그 해답이 될 수 있다.

둘째, 즉각적인 양방향 커뮤니케이션으로 시각적 자료를 이용한 업무 효율의 극대화가 필요하다. 이것은 빠른 의사결정을 통한 경쟁력 제고와도 관련이 있다.

셋째, 다양한 의사결정권자의 판단과 의견을 효율적으로 수렴하여 경쟁에서 우위를 선점하기 위해서다.

넷째, 현대 과학과 IT 기술의 발달로 비즈니스의 모든 업무에 대한 시뮬레이션이 가능해졌기 때문이다.

프레젠테이션을 구분하는 기준은 다양하다. 그 중 하나는 비즈니스와 생활 측면으로 구분하는 관점이다. 우선 교육, 세미나, 안내 등과 같이 내용을 공유하는 것을 주된 목적으로 하는 생활 프레젠테이션이 있다. 다른 하나는 상품 소개, 제안 설명회, 프로젝트 추진 보고 등과 같이 목적과 가치가 중요한 비즈니스 프레젠테이션이다.

물론 다른 방식의 구분법도 존재한다. 청중과 내부적으로 정보를 공유하거나 청중에게 의사결정에 필요한 정보를 제공하는 내부 프레젠테이션과, 자사의 상품이나 기술에 대한 장점을 효과적으로 전달하여 청중에게 긍정적인 반응을 유도하기 위한 외부 프레젠테이션으로 나눌 수 있다.

좀 더 세분화된 목적에 따라 분류할 수도 있다. 세미나 및 강연을 통해 정보를 습득하는 정보제공형, 영업 미팅이나 워크숍에서 모범적인 인물의 성공기를 듣고 의지를 다지게 하는 동기부여형, 월례 모임이나 행사에서 CEO의 경영 방침과 같은 메시지를 전달하는 의례형, 투자 설명회나 제품 설명회 같은 의사결정형, 긴장과 스트레스를 풀면서 서로의 단합을 도모하기 위해 즐겁게 시간을 보내는 엔터테이먼트형 등의 구분이 가능하다.

최근에는 복합적인 목적 달성을 위해 의사결정형과 정보제공형을 혼합하거나 엔터테이먼트와 의례형을 혼합한 이른바 퓨전 프레젠테이션이 등장하기도 하는 등 프레젠테이션의 진화 속도는 급속히 빨라지는 추세다.

프레젠테이션은 목적에 따라 진행하는 방법이 다양하다. 따라서 먼저 목적을 명확히 규명하고 시작해야 효과적으로 진행할 수 있다. 그것이 프레젠터와 청중의 존재 이유인 동시에, '내가 왜 이곳에 왔는가?'에 대한 정답 맞추기 게임의 시작을 의미하기 때문이다.

목적이 정해진 다음에는 목적 달성을 위한 세부적인 목표를 적어보는 것이 좋다. 목표는 목적이 좀 더 구체화된 것으로 프레젠터가 청중에게서 얻어낼 결과물이다. 동시에 그 프레젠테이션을 실행해야 할 이유이기도 하다. 예를 들면 이렇게 메모를 해보는 것이다.

"한 시간 동안 신제품 휴대폰의 새로운 디자인 방안을 설명하여 청중(휴대폰 제작사)이 우리 회사와 디자인 계약을 체결하게 만든다."

▶▶ 프레젠테이션의 유형을 결정하는 방법

프레젠터는 재치와 위트가 넘치는 이야기 방법을 창조해야 한다. 정도 차이는 있겠지만 대부분의 강의나 프레젠테이션은 재치와 위트가 결합되어 있다. 그러나 프레젠테이션의 목적을 확실히 이해해야 무엇에 우선순위를 두어야 하는지 결정할 수 있다. 프레젠테이션은 목적에 따라 방법과 운영이 달라지기 때문이다. 그러므로 주요 목적이 무엇인지 확인하는 것이 우선이며, 발표자는 항상 '무엇을 위한 프레젠테이션인가?'라는 물음에 답할 수 있어야 한다. 프레젠테이션의 종류를 목적 유형에 따라 구분하면 다음과 같다.

프레젠테이션 종류와 목적

종류	내용	활용
정보제공형	"아하! 그걸 몰랐었는데 이제 알게 되었네." "그 정보는 참으로 유익하구나."	세미나 강연
동기부여형	"나도 저 사람처럼 꼭 해봐야지." "좋아, 한번 도전해 보는 거야."	영업 미팅 워크숍
의례형	"이번 두 번째 미팅은 많은 의미가 있어." "우리 서로 단합해 잘해 봅시다."	월례조회 연말행사
의사결정형	"이제 과거의 방법을 버리고 이 방법을 도입하자." "그래, 이 아이템으로 결정했어."	제품설명회 투자설명회
정보제공형	"스트레스도 풀고 즐기자구." "내일의 도전을 위해 즐거운 마음으로 파이팅!"	부부수련회 가족수련회

정보 제공을 위한 프레젠테이션

일반적인 프레젠테이션의 경우 개인이나 조직이 가지고 있는 정보를 상대방이나 청중에게 일방적으로 전달하는 것을 목적으로 진행되는 경우가 대부분이다. 이 경우 상호 소통은 그리 중요하게 여겨지지 않는다.

정보를 전달해야 하는 경우에는 관련된 내용을 모두 발표해야 하므로 자세하고 길게 진행되는 경우가 많다. 이때는 자칫 청중이 지루해질 수 있으므로 단순한 정보 나열보다 그림이나 사진을 함께 보여주는 것이 좋다. 제품설명회라면 제품을 직접 시연해 보는 것이 효과적이다.

또 단순히 정보를 전달하기보다 정보를 분석하거나 가공하여 쉽게 소화할 수 있도록 만들어주는 것이 중요하다. 청중에게 나누어줄 자료를 준비할 때에도 마찬가지 방법을 쓰도록 한다.

질문을 받을 때는 전문적인 기술자를 동원하는 것이 효과적이다. 청중에게 신뢰감을 주고, 더욱 정확한 정보를 전달할 수 있기 때문이다.

▶▶ **효과적인 정보 전달 방법**
① 새로운 정보를 기존 정보와 비교하면서 설명한다.
② 정보를 분석하고 가공하여 이해하기 쉽게 만든다.
③ 그림, 사진, 도표 등 비주얼 자료를 적극 활용한다.
④ 제품이 있으면 시연을 하거나 청중이 직접 조작하도록 유도한다.
⑤ 중요한 사항들은 반복하거나 강조해서 말한다.

설득과 제안을 위한 프레젠테이션

정보 제공을 위한 프레젠테이션 중에서 새로운 기획안이나 사업 계획을 설명하여 동의를 얻어내야 하는 프레젠테이션이 있다. 이 경우 단순히 정보를 전달하는 프레젠테이션에 비해 훨씬 까다롭다. 왜냐하면 아무리 프레젠테이션을 뛰어나게 했더라도 수익성이나 시장성이 없으면 의사결정권자의 동의를 얻어내기 힘들기 때문이다. 따라서 이런 프레젠테이션은 고도의 전략이 필요한 경우가 많다.

예를 들어 의사결정권자가 논리적인 인물이라면 기존의 서론, 본론, 결론의 구조보다 결론, 본론, 마무리로 진행하는 것이 좋다. 어쨌든 이 프레젠테이션에서는 한번 해보겠다는 마음의 변화를 이끌어내는 것이 중요하다. 그러려면 우선은 프레젠터 자신이 강한 확신과 도전 의식이 있어야 한다. 그래야 청중의 마음을 움직일 수 있다.

동기부여를 위한 프레젠테이션

동기부여를 위한 프레젠테이션은 동일한 목표나 계획을 가진 다수의 청중을 대상으로 마음속의 두려움과 불신을 극복하고, 새로운 목표를 향해 도전할 수 있는 의욕과 열정을 불러일으켜 행동을 취하도록 유도하는 프레젠테이션이다. 영업사원들이 아침에 미팅을 갖고 새로운 판매 실적을 위해 각오를 다지는 것도 동기부여를 위한 프레젠테이션의 성격이 강하다. 또 개인이나 단체를 대상으로 진행되는 교육용 프레젠테이션도 피교육자에게 긍정적인 동기부여를 심어주기 위한 목적으로 진행되는 프레젠테이션이다.

동기부여 프레젠테이션은 정보 전달보다는 고정관념을 깨뜨리고 새로운 목표를 향해 돌진할 각오를 다지는 것이 주된 목적이다. 따라서 논리나 이론은 그다지 필요하지 않다. 그보다는 감성과 정신자세를 북돋우는 것이 더욱 중요하다. 그러므로 프레젠터의 카리스마가 대단히 중요한 역할을 한다. 강한 동기부여를 위해서는 전달 기술도 매우 중요하다. 무엇보다 청중과 프레젠터 사이에 긍정적이고 우호적인 분위기를 조성하는 것이 중요하다. 청중의 마음이 닫혀 있다면 의욕을 이끌어낼 수 없기 때문이다.

행동 유발을 목적으로 진행되는 프레젠테이션은 실제 참가자들이 교육을 통해 실제의 업무나 삶에서 긍정적인 시너지 효과를 유발하도록 만드는 것을 목적으로 한다. 프레젠터는 더욱 많은 준비와 더불어 동기부여에 초점을 맞춰서 참가자들이 자발적으로 행동하도록 만드는 것이 중요한 포인트라 할 수 있다.

▶▶ 효과적인 제안과 설득 방법
① 논리보다는 감성으로 접근한다.
② 원만한 분위기를 만들어 감정 변화를 유도한다.
③ 새롭게 도전하려는 마음이 들도록 유도한다.
④ 상대의 기준이나 가치관을 바꿔 동의를 얻어낸다.
⑤ 논리와 근거를 제시해 타당성을 주장한다.
⑥ 상대가 얻을 수 있는 이익으로 결론을 내린다.

행사 및 엔터테인먼트를 위한 프레젠테이션

조직원 간의 유대 강화나 행사 기념을 위한 프레젠테이션의 경우 일체감을 형성하기 위해 미리 계획된 여러 가지 연출이 필요하다. 따라서 프레젠터는 특별한 재능과 경험, 그리고 계획된 연출을 실행하기 위한 준비가 필요하다. 이런 프레젠테이션에서는 프레젠터가 지나치게 튀는 것을 자제하고, 반드시 청중이 주인공이라는 느낌이 들도록 신경을 써야 한다. 프레젠터는 조연이자 보조자일 뿐이다. 또 프레젠테이션이 즐거워야 하므로 유머나 재담으로 분위기를 이끌어가는 것이 중요하다.

목적 분석 요약 시트

프레젠테이션 테마 :   날짜 :

발표자의 목적	청중의 목적

유형 분석

정보 전달 : _____ %   설득 : _____ %

동기부여 : _____ %   엔터테인먼트 : _____ %

목적 달성을 위한 전략

장소를 파악하여 주변의 악조건을 제거하라 10

프레젠테이션 준비에서 가장 소홀하기 쉬운 것이 장소에 대한 분석이다. 그런데 아이러니컬하게도 가장 많은 실수는 장소 문제 때문에 발생한다. 보통 프레젠테이션 장소는 발표자가 스스로 정하는 것이 아니라 타의에 의해 미리 정해지는 경우가 대부분이다. 그러므로 직접 확인하지 않으면 예측이 빗나가는 경우가 많다.

장소는 가변적인 요소가 아니어서 미리 대비하지 않으면 치명적인 실수가 발생할 수도 있다. 정성들여 준비한 자료를 챙겨 막상 현장에 와봤더니 활용할 수 없는 상황이라는 것을 뒤늦게 발견하는 일이 허다하게 발생한다. 따라서 장소와 관련된 사항들은 미리 확인하되, 발표 당일에도 현장을 최종 점검하는 것이 바람직하다.

장소에 따라 내용 구성과 전달 방법이 달라진다

장소를 분석할 때는 도면을 그려놓고 차근차근 따져가며 확인한다. 그래야 문제점을 빠짐없이 점검할 수 있다. 장소 분석 시에는 자리 배치와 주변 환경에 특히 신경을 써야 한다. 먼저 좌석 배치도와 주요 참석 인물들의 위치, 통행로 등을 꼼꼼히 점검해 보는 것이 좋다.

청중의 자리 배치는 프레젠테이션의 목적에 따라 신중히 결정한다. 정보 전달이 목적이라면 모두 앞쪽을 보게끔 앉히는 강의실 형식이 좋다. 이 경우 시선의 사각지대를 고려한다.

청중의 참여를 활발하게 유도하고 쌍방향 커뮤니케이션이 필요한 경우에는 ㄷ자형으로 앉히는 게 좋다. 이 경우 장소의 크기에 따라 프레젠터가 움직일 수 있는 공간과 방향 등 동선을 미리 살펴보아야 한다.

| 그림 12 | 프레젠테이션의 좌석 배치 유형

유형	Layout	특성	비고
학교형		• 청중다수/정보전달 목적	• 단방향 의사소통
U자형		• 테이블 필요 • 상호 대화/회의	• 양방향 의사소통
ㄷ자형			
V자형			
대면형		• 1:1 프레젠테이션	
ㅁ자형		• 청중상호간의 대화명	
반원형		• 집중도를 중시할 때/	
팀형		• 상호활동 및 토의	
원형		• 이벤트 속성	

만일 선정된 장소의 특성이 프레젠테이션의 목적과 배치된다면 장소에 따라 내용 구성과 전달 방법을 달리해야 효율적인 프레젠테이션을 진행할 수 있다.

청중의 자리 배치가 중요한 이유는 발표 장소의 좌석 배치가 청중의 심리에 상당한 영향을 미치기 때문이다. 따라서 프레젠터는 좌석 배치에 따른 청중의 심리 상태를 이해할 필요가 있다.

일반적으로 프레젠터를 중심으로 청중들이 둘러싸는 형태가 심리적으로 집중도를 높일 수 있는 좋은 좌석 배치 유형인 반면, 프레젠터와 청중 간의 위치가 일자형이며 거리가 멀수록 나쁜 유형에 속한다. 또 장소에서 똑같은 내용의 프레젠테이션을 듣는다 해도 청중의 위치에 따라 프레젠터의 의견에 동조하거나 반대하는 확률이 달라진다.

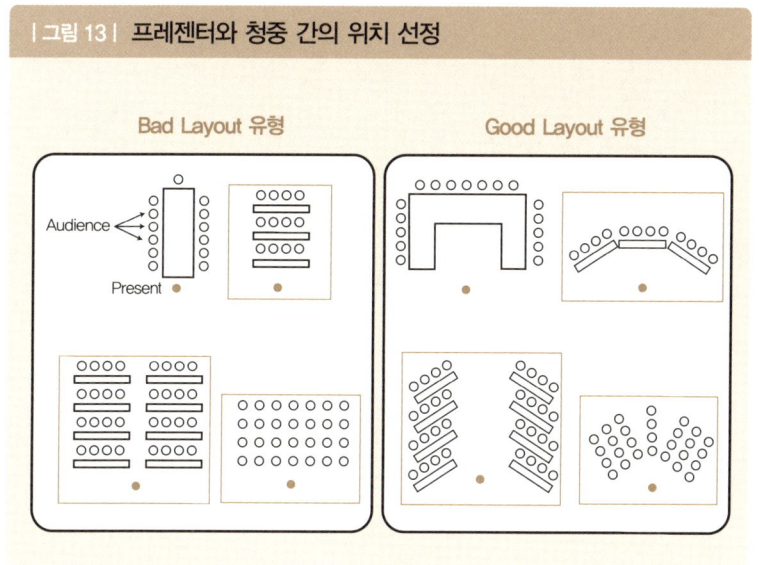

| 그림 13 | 프레젠터와 청중 간의 위치 선정

즉, 프레젠터에게서 가까운 앞쪽이나 옆쪽은 동조 그룹이 될 가능성이 높지만, 뒤쪽 좌우측 사각지대는 반대 그룹이 될 확률이 높다.

좌석 배치를 결정했다면 발표장 뿐 아니라 외부의 소음이라든지 발표 장소까지 접근하는 교통편에 문제가 없는지 살펴보는 것이 좋다. 기타 주차장, 엘리베이터, 화장실, 흡연 장소, 자판기 등도 소홀히 할 수 없는 요소들이다.

마지막으로 프레젠테이션에 큰 영향을 주는 기기는 끝까지 점검하는 자세가 필요하다. 특히 마이크를 사용하는 경우 적절한 사전 조율이 필요하다. 프로젝터나 컴퓨터의 작동 확인은 말할 것도 없다. 전기의 접속 상태와 조명을 확인하는 것도 잊지 말자.

장소 분석 요약 시트

프레젠테이션 테마 :	날짜 :	
프레젠테이션 장소	명칭 :	
	위치 :	
	전화 :	
	담당자 :	
	교통수단 :	
	소요시간 :	
실내 형태와 크기	실내 형태 :	
	조명 :	
테이블 · 의자의 종류와 배치	테이블 · 의자 종류 :	
	좌석 배치 :	
	주의할 점 :	
사용한 시청각기기	화이트보드	☐
	마이크/스피커	☐
	OHP기기	☐
	OHP스크린	☐
	비디오	☐
	빔 프로젝터	☐
	플립 차트	☐
	교재 제시 장치	☐
	기타	

STEP 3 기획

세상에 없는 PT를 꿈꿔라

설계도 없이 집을 짓는 것은 무모한 행동이다.
프레젠테이션이 결정되면 전체적인 밑그림을 그리는
작업부터 선행되어야 한다. 아무것도 없는 백지 위에 앞으로
해나가야 할 목표와 프로세스를 설정하는 것이 바로 기획이다.
그리고 나서 설득을 위한 치밀한 시나리오를 짜야 한다.
다시 말하지만 기획은 계획이다.

기획은 계획이다

내버릴 자료는 어디에도 없다

설득의 피라미드를 세워라

매력있는 카피로 승부하라

한 편의 드라마로 만들어라

기억에 남는 포인트를 챙겨라

허를 찌르는 자료를 준비하라

Presentation
1막 3장

기획은 계획이다

프레젠테이션이 결정되고 나서 가장 먼저 해야 할 일은 기획이다. 집을 짓거나 여행을 떠날 때 가장 먼저 설계도를 그리고 지도를 준비하듯, 프레젠테이션 또한 전체적인 밑그림을 그리는 작업부터 선행되어야 한다. 기획은 곧 계획이다. 그것은 프레젠테이션이라는 집을 짓기 위한 설계도이며, 성공이라는 목표를 향해 가는 여행 지도를 그리는 일이다. 아무것도 없는 백지 위에 앞으로 해나가야 할 목표를 설정하는 것이 바로 기획이다.

기획의 7단계 프로세스

기획에 대해 좀 더 구체적으로 접근하기 위해 기획의 단계별 프로세스에 대해 알아보자.

기획에서 가장 먼저 해야 할 일은 방향 설정이다. 프레젠테이션의 과제를 명확히 하는 과정으로 가정 내 대소사를 예로 들면 집들이를 할 것인지, 돌잔치를 할 것인지 정하는 아이템 선정의 단계라고 할 수 있다. 이처럼 기획의 배경, 의도, 목표를 알면 프레젠테이션에서 무슨 말로 설득할지 주제를 잡을 수 있다.

다음은 정보를 수집하고 분석하는 단계이다. 이를 테면 시장조사이자 잔치 준비를 위해 냉장고를 점검하고 장을 보는 단계이다. 이는 기획 초기 단계에서 방향 설정이 막연하다고 생각될 경우 기획 의도나 목표와 관련된 몇 가지 정보를 수집하고, 기획의 대상이 되는 집단을 분석하는 과정이다. 이렇게 하면 어느 정도 윤곽이 잡혀 기본 개념을 설정할 수 있다.

자료 수집이 끝나면 이를 분류하고 분석할 차례다. 이는 요리 재료를 다듬는 것에 비유할 수 있다. 재료를 다듬고 나면 데치거나 삶는 자료 가공의 단계로 넘어간다. 차별화된 프레젠테이션을 위한 아이디어 발상 단계라고 할 수 있다.

이제 본격적인 요리 만들기에 해당하는 기획안 작성 단계이다. 이는 프레젠테이션의 내용 구성과 편집에 해당한다. 내용 구성은 큰 틀 안에서 서론, 본론, 결론의 구조를 이루는 흐름을 만들어나가면 된다. 서론에는 개요 배경을, 본론에는 구체적인 내용의 설명과 제안을, 결론에는 기대 효과 등을 담는다. 이때 본론 역시 3단계 논리 전개법을 사용하면 효과적이다. 논리 전개 방식은 가장 큰 개념에서 시작해 작은 개념으로 논리를 세분해 나간다. 시각적인 요소를 가미하는 것도 이 부분에 해당한다.

  기획안 작성이 완료되면 프레젠테이션을 준비하고 실행하는 단계가 남는다. 마지막 단계를 좀 더 세분화하면 디지털 카메라, 빔 프로젝터, OHP 등 다양한 매체를 활용하여 프레젠테이션을 풍성하게 만드는 단계와 실제 현장에서 프레젠테이션을 실행하고 청중을 설득하는 단계로 나눌 수 있다. 이는 완성된 요리를 그릇에 담고 상을 차리는 데 비유할 수 있다. 동영상, 사진 등 보여줄 게 많아야 청중을 설득하기 용이하다는 점을 연상하면 쉽게 이해할 수 있을 것이다.

| 그림 14 | 기획의 7단계 프로세스

집들이, 돌, 생일… 요리 유형 선택	1단계(과제의 명확화)	아이템 선정
냉장고 등 점검 시장 보기	2단계(정보 수집 및 분석)	시장조사
재료 다듬기	3단계(기획의 목표 설정)	자료 분류 및 분석
자료 처리 (데치기, 삶기)	4단계(아이디어 발상)	자료 가공
요리 만들기	5단계(기획안 작성)	편집
그릇에 담기	6단계(프레젠테이션)	매체 선택
상차림	7단계(설득=실행)	프레젠테이션 실행

내버릴 자료는 어디에도 없다 **12**

프레젠테이션의 방향 설정이 완료되면 다음에 해야 할 일은 자료 수집이다. 자료 수집은 시장조사에 비유할 수 있다. 철저한 시장조사가 수반되지 않으면 근거가 없는 말의 성찬에 불과한 만큼 자료 수집을 충실히 해야 좋은 발표 내용을 준비할 수 있다.

자료 수집은 폭넓게 많이 할수록 좋으며, 세밀한 분석을 통해 정리와 요약을 거쳐야 한다. 이번 장에서는 성공적인 프레젠테이션의 밑거름이 되는 자료 수집과 정리에 대해 알아보자.

자료 수집은 많이 할수록 좋다

자료 수집은 많이 할수록 좋다. 자료가 다양할수록 설득력이 있는 논리를 개발할 수 있기 때문이다. 자료의 범위가 넓으면 프레젠터가 핵심 내용을 둘러싸고 있는 여러 가지 상황들을 좀 더 깊이 있게 이해할 수 있다. 그러면 실제 발표를 할 때의 현장 대응력이 높아진다. '이 정도면 되겠지' 하고 적당히 하는 것보다는 '늘 더 해야 하지 않을까' 라고 생각하는 것이 자료 수집을 충실히 하는 비결이다. 기본적으로 자료는 버릴 게 없다고 보아야 한다.

물론 자료가 너무 많으면 이따금 자료에 치여서 애초 설정한 기획 방향에서 벗어나 헤매는 경우가 생긴다. 이럴 때는 분류와 가지치기가 필요하다. 한번 모은 자료들은 발표 자료에 포함되지 않더라도 발표할 때 인용 자료로 사용할 수 있으며, 질문을 받을 때 보조 자료로 사용할 수도 있다.

자료를 모을 때는 각 분야의 전문가나 경험자의 도움을 받는 것이 완성도를 높일 수 있는 방법이다. 책이나 신문 잡지 같은 매체, 혹은 전문 연구 기관 같은 곳에서도 자료를 얻을 수도 있지만, 그 방면의 전문가를 찾아가 조언을 구하는 것이 가장 손쉽고 효과적인 방법이다. 전문가는 자료를 손에 쥐고 있지 않더라도 어디에 자료가 있는지, 누가 가장 잘 아는지 훤히 꿰고 있기 때문이다. 적어도 최소한의 조언이라도 듣고 움직이는 것이 막연하게 시작하는 것보다 훨씬 낫다.

자료는 누구나 쉽게 이해할 수 있고 일반성이 있는 내용을 담은 것이 좋다. 검증이 가능한 현실적인 자료, 사실적인 근거를 갖춘 객관적인 자료, 주제와 관련성이 뚜렷하고 일반적인 공감을 얻을 수 있는 자료가 좋은 자료들이다. 발표 내용을 이루는 자료 외에도 고객 분석이나 청중에 대한 자료, 경쟁 상품이나 경쟁자에 대한 자료도 프레젠테이션에 도움이 되는 보조 자료들이다.

자료를 발표물로 만드는 일은 파워포인트나 컴퓨터 그래픽에 익숙한 전문가가 맡는 것이 좋다. 자료가 깔끔해야 한다는 데에는 이견이 있을 수 없다. 가장 주의해야 할 점은 쉽고 명쾌해서 빨리 이해할 수 있어야 한다는 점이다.

프레젠테이션을 하기 위한 완성된 자료가 만들어지면 일차적인 분석과 가공을 통해 발표자 자신의 것으로 만드는 노력이 반드시 필요하다. 발표자의 자료 소화력에 따라 프레젠테이션의 완성도가 달라지기 때문이다. 이를 위해선 자료에 대한 이해력, 분석력, 판단력과 함께 전문가 수준의 식견을 갖추어야 한다. 자료를 수집하는 동시에 개인적인 공부가 필요함을 암시하는 대목이다.

GE의 CEO 시절 잭 웰치는 1시간짜리 발표를 위해 10시간이나 자료를 소화하는데 투자했다고 한다. 단순히 자료를 자기 것으로 만드는 데만 10시간을 투자했으니 그 전 단계에 들이는 시간이 얼마나 많을지는 말할 것도 없다. 준비 단계에 시간을 많이 들이면 들일수록 성공 가능성이 높아지기 때문에 많은 시간을 들인다고 해서 결코 낭비나 손해라고 생각해서는 안 된다.

다양한 자료 정리 방법을 활용하라

자료와 정보를 아무리 성실하게 수집했다 하더라도 제대로 분석하고 정리·요약하지 못하면 아무런 소용이 없다. 수집한 정보가 모두 다 프레젠테이션에 쓸 수 있는 자료는 아니다. 꼼꼼한 분석을 통해 거를 것은 걸러내고 보강할 것은 보강해야 한다. 기획의도에 맞춰 자료를 올바로 분석하려면 기획의 내용을 잘 이해하고 있어야 한다. 여기에는 일정 수준의 경험과 능력이 필요하다.

자료 분석 작업에는 많은 사람이 참여하는 것이 효과적이다. 여러 사람을 상대로 하는 자료이기 때문에 여러 사람의 다양한 의견을 반영해서 분석하는 것이 좋을 수밖에 없다. 분석이 제대로 되면 자료를 충분히 파악하고 있는 셈이므로 다음 단계의 작업이 쉬워진다.

분석이 끝나면 자료를 정리해야 한다. 자료 정리에는 여러 가지 방법이 있다.

① 시간의 흐름에 따라 순서대로 나열한다.
② 공간의 특성에 따라 같은 주제를 묶는다.
③ 인과관계에 따라 원인과 결과를 연결한다.
④ 문제 설정과 해결법 제시를 한데 묶는다.

❶ 시간 순서에 따른 정리

시간 순서에 맞게 과거, 현재, 미래의 순서대로 자료를 나열하는 방법이다. 문제 발생(과거)과 상황 전개(현재), 해법 제시(미래)의 순서대로 늘어놓는 것이다.

설명이 좀 밋밋하다고 생각되면 순서를 바꾸어도 상관없다. 가장 핵심이 되는 부분을 시간의 순서에 관계없이 먼저 설명하면 된다. 그 다음에 발생 시점의 상황을 설명하고 해법을 제시한다.

❷ **공간의 특성에 따른 정리**

설명하려는 자료들을 주제나 특성에 따라 분류하여 따로 묶는 방법이다. 가령 자동차에 대한 프레젠테이션이라면 엔진, 디자인, 안전장치, 성능, 내구성 등 자동차의 기능에 따라 부문별로 나누어 설명한다.

이렇게 부문별로 분류하여 설명하면 타사의 제품과 비교하기 쉽다는 장점이 있다. 다른 차와 엔진끼리 비교가 되고, 디자인끼리 비교가 되고, 성능끼리 비교가 되므로 쉽게 장단점과 우열을 판단할 수 있다.

❸ **원인과 결과에 따른 정리**

인간관계에 따라 원인과 결과를 연결하는 방법이다. 여러 사람이나 여러 부서가 관계되어 있는 사안의 경우 서로 이해관계가 다를 수도 있다. 이럴 때 모든 문제를 한꺼번에 설명하려고 들면 각자의 이해관계가 얽혀 쉽게 정리하기 어렵다. 이런 경우에는 원인과 결과를 한데 묶어서 설명하는 것이 좋다. 어떤 팀에게는 지대한 관심 사항이 어떤 팀에게는 전혀 무관심한 사항일 수있기 때문이다. 즉, 이해관계가 다른 사람들이 모여 있을 때는 각자에게 관심 있는 사항만 집중해서 듣게 만드는 요령이 필요하다.

❹ 문제와 해결법에 따른 정리

문제 설정과 해결법 제시를 한데 묶는 방법이다. 원인과 결과에 따른 정리와 비슷한 면이 있지만 약간 다르다. 이 방법은 문제점이 여러 가지일 때 사용하면 효과적이다. 문제점을 모두 나열한 뒤 해결 방법을 한꺼번에 나열하지 말고 문제가 되는 사안마다 해결 방법을 제시하는 식으로 정리하여 발표하는 것이다.

각 부분들의 핵심을 명쾌하게 요약한다

정보의 분석과 정리 못지않게 중요한 것이 요약이다. 각 분석 자료의 핵심을 정리하는 요약이야말로 청중에게 내용을 확실하게 전달하는 요체라고 할 수 있다. 특히 프레젠테이션의 전체 흐름을 유지하면서 프레젠테이션의 목적에 맞춰 각 부분들을 일목요연하게 요약해 주면 전체 내용을 쉽게 이해할 수 있다.

요약하는 능력을 기르기 위해서는 평소에 연습을 많이 해봐야 한다. 경험자들도 가장 어려워하는 부분이 바로 요약이다.

설득의 피라미드를 세워라 13

효과적으로 글을 쓰거나 말을 하려면 전체적으로 삼각형 구조를 갖추는 것이 좋다. 데이터와 요점, 요약이 단계적으로 층위를 이루어 피라미드 형태를 취하는 것이 가장 이상적이다. 그러기 위해서는 요약과 요점을 잘 정리해야 한다. 전체 얼개를 짜는 데에도 요약과 요점을 잘 구분한다. 요약은 요점을 한 줄로 줄인 카피이며, 요점은 많은 데이터를 한 줄로 줄인 카피라고 할 수 있다.

서점의 책들을 살펴보자. 제목과 목차를 들여다보면 독자를 설득하기 위하여 보이지 않는 피라미드를 쌓고 있다는 것을 알 수 있다.

설득을 위한 시나리오 짜기

상대방을 효과적으로 설득하려면 요약과 요점을 잘 정리해서 말해야 한다. 즉, X라는 결론을 말하기 위해서는 그것을 뒷받침할 수 있는 기본 증거나 논리가 수반되어야 한다. 결국 다음과 같은 피라미드가 설정된다.

'나의 결론은 X이다. 왜냐하면 A, B, C의 세 가지 관점에서 그렇다. A, B, C의 세 가지 관점은 다음과 같은 데이터에서 추출한 것이다.'

상대방을 설득하기 위해서는 정교한 시나리오를 짜야 한다. 시나리오를 정교하게 짜기 위해서는 철저한 정보와 자료를 토대로 해야 한다. 어떤 주장이든 폭 넓고 깊이 있는 근거를 기반으로 세워져야 설득력을 얻을 수 있다.

설득을 위한 피라미드의 기반은 넓고 깊어야 한다. 그래야 최종 결론을 설득력 있게 제시할 수 있다. 그러기 위해서는 말하려는 내용을 구조화할 필요가 있다.

최근 TV를 보면 아내가 돈을 주면서 남편에게 OO마트에 가서 이것저것 사오라고 시키는 광고가 나온다. 아내는 수많은 물건의 목록을 제시하면서 남은 건 용돈으로 쓰라는 멘트로 웃음을 자아낸다.

아내가 물건의 품목을 나열하는 방식은 막무가내식이다. 남편과 아내의 대화를 요약하면 다음과 같다.

남편 : 우유랑 상추 사와야겠는데, 나한테 뭐 부탁할 거 없어?
아내 : 냉장고에 감자가 있는지 한번 볼까? 감자도 사야겠군.

남편 : 다른 건 필요 없어?

아내 : TV 광고를 보니까 갑자기 포도가 먹고 싶어졌어.

아내 : 당근하고 오렌지도 좀 사다 줘!

남편 : ······.

아내 : 사과하고 크림도 잊지 마!

아내 : 버터도!

제대로 된 설득의 방식을 갖추려면 이런 식으로 나열만 해서는 안 된다. 이것이 설득을 하기 위한 설명이 되려면 순서도 없이 줄줄이 읊는 것은 현명한 방법이 아니다. 유형별 분류를 통해 피라미드 구조를 만들어야 한다. 저녁 상차림을 위한 상추를 기반으로 국을 끓이기 위한 감자와 당근을 엮어서 이야기하고, 후식으로 먹을 포도를 근거로 밤에 간식으로 먹을 오렌지와 사과를 엮어야 한다. 우유는 아침에 빵을 먹을 때 필요한 버터와 크림을 사야 할 근거가 된다.

① 저녁상 차림 : 상추-감자-당근
② 후식과 간식 : 포도-오렌지-사과
③ 아침 식사용 : 우유-버터-크림

3단계 구성이 중요한 이유

일반적으로 프레젠테이션의 전체 구성은 서론, 본론, 결론으로 나뉜다. 서론에서는 간단한 인사와 목차를 비롯해 주제를 선택한 이유나 배경, 이론 등을 언급한다. 이어 본론에서는 이러한 이론의 실제적인 사례를 그림이나 영상을 통해 효과적으로 제시한다. 또 결론 부분에서는 이제까지의 내용을 요약하고 결론을 내리며, 자신의 견해나 제언, 향후 방향 등을 제시한다.

아직도 의사전달을 할 때 사용하는 기승전결의 4단 구성이 있긴 하지만, 그보다 3단 구성이 프레젠테이션에서는 보다 효과적이다. 알다시피 기승전결은 동양의 한시 배열에서 나온 전형적인 서술 방법의 하나로서 기로 시작하여 승으로 받아 마지막에는 결론으로 마무리 짓는 의사전달법이다. 그러나 신속성, 논리성, 합리성 등을 중시하는 오늘날의 비즈니스 세계에서는 기승전결 등의 전통적인 구성보다 1, 2, 3의 3단 구성이 더욱 효과적이다. 심지어 아예 문제 제기와 해답으로 이루어진 2단계 설정도 있다.

프레젠테이션에서 3단 구성이 가장 널리 활용되는 이유는 가장 설득력 있는 구조이기 때문이다. 3단 구성은 내용의 안정감을 주고, 청중에게는 정리된 느낌을 준다. 또 우리에게 가장 친숙한 구조인 데다

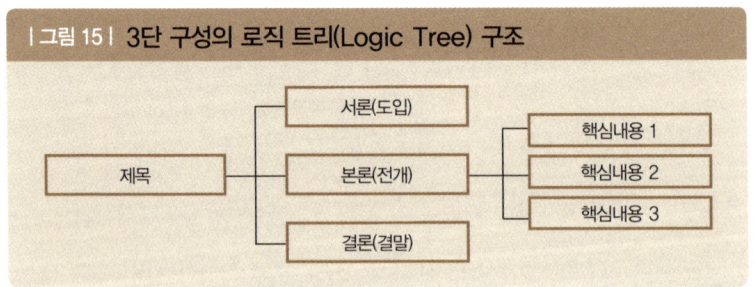
| 그림 15 | 3단 구성의 로직 트리(Logic Tree) 구조

강력한 주장을 쉽게 전달할 수 있으며, 기억하기도 쉽다.

3단 구성의 전개 방식

내용을 전개하는 방식에 있어 아무런 계획이나 논리가 없는 전개는 마치 그냥 내뱉는 말이나 마찬가지다. 이런 전개 방식은 청중으로 하여금 프레젠테이션 자체를 무의미하게 느끼도록 만드는 원인이 된다.

 3단 구성은 생각의 흐름, 인식, 이해, 과정에 가장 자연스러운 구조이다. 스티브 잡스의 프레젠테이션을 보면 그의 프레젠테이션이 3단계로 이루어진다는 것을 알 수 있다. 예를 들어 잡스는 1단계로 아이맥(iMac)의 세 가지 기능을 설명하겠다는 식으로 큰 그림을 그린다. 2단계로 첫번째 기능인 '얇음'에 대해 자세하게 설명하고, 이어 마지막 단계에서는 지금까지 한 설명이 '얇음'에 관한 것이라는 사실을 다시 한번 확인해 준다. 같은 이야기를 세 번에 걸쳐 반복하는 셈이다.

 3단 구성에 충실한 프레젠테이션을 하기 위해선 서론, 본론, 결론을 분명하게 구분하여 진행하는 것이 중요하다. 서론에서는 주제 또는 개요에 대해 설명하고, 본론에서는 세부 내용과 주제에 대한 보충 설명을 하며, 결론에서는 핵심 사항들에 대해 다시 한번 되풀이한다. 처음에는 숲 전체를 이야기한 다음 본론에서 나무 한 그루 한 그루를 상세하게 살펴보고, 마지막으로 특별한 나무 한 그루를 다시 설명하는 셈이다.

 무엇이든 내용을 전개함에 있어 대표적인 형태인 서론-본론-결론

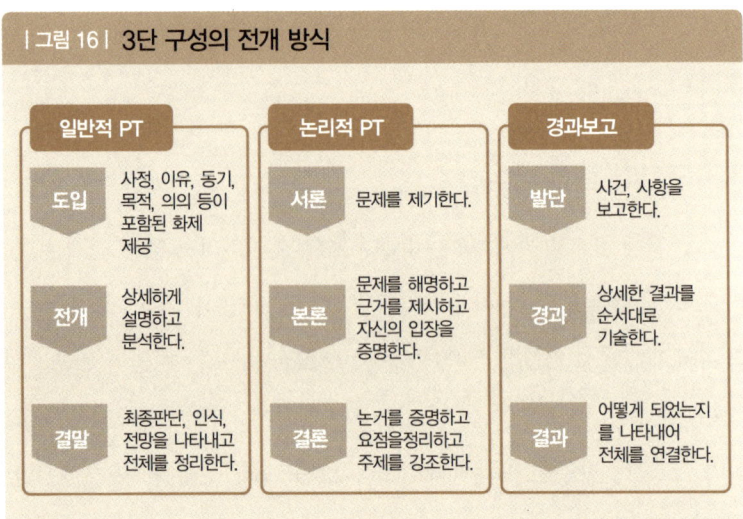

|그림 16| 3단 구성의 전개 방식

을 제시하되 그 순서를 꼭 정형화할 필요는 없다. 형태에 따라서, 문화적 특성에 따라서 바뀔 수 있는 것이다. 다만 3단계의 구성을 무시해서는 안 된다는 사실만큼은 명심해야 한다. 특히 처음부터 세부 내용을 말해 청중들에게 부담을 주지 않도록 한다.

❶ 흥미와 관심을 유발시키는 서론

서론은 프레젠테이션의 핵심 주제와 직접적으로 연결된 내용으로 구성한다. 프레젠테이션이 제시하려는 핵심 주제를 청중에게 정확하게 전달하는 것이 주된 목적이다. 이렇게 프레젠테이션 내용에 대한 궁금증을 유발하면 청중은 다음 내용에 귀를 기울이게 된다. 서론에서는 핵심적인 내용만 간결하고 정확하게 표현하도록 노력해야 한다.

❷ 내용을 체계적으로 자세하게 설명하는 본론

본론에서는 서론에서 제시한 내용을 토대로 청중이 프레젠테이션의 핵심 주제와 목표에 공감할 수 있도록 구체적인 내용을 설명한다. 이때 청중이 이해하기 쉽도록 본론의 전반적인 내용을 대항목으로 나누고 그것을 다시 중간 항목으로 나눈 다음, 세부적인 내용을 더 작은 소항목으로 나누어 컨텐츠를 작성하는 것이 좋다.

❸ 깔끔하게 마무리하는 결론

결론은 서론과 본론에서 서술한 내용을 토대로 향후 계획, 미래에 대한 비전을 제시하는 내용으로 구성하는 것이 바람직하다. 서론과 본론의 내용을 간단명료한 문구로 요약해 한 번 더 설명하는 것도 좋은 방법이다. 결론에서 무엇보다 중요한 것은 프레젠테이션의 전체 내용을 포괄하는 결론을 청중에게 확실하게 제시해야 한다는 점이다.

배열의 미학 | 서론에서 본론과 결론으로의 전환

스토리를 적절히 배열하려면 '강조'와 '흐름'을 살려야 한다. 작은 핵심 메시지를 서론, 본론, 결론 3개의 그룹으로 분류해 두면 지루함을 덜 수 있다. 또 요약을 적절히 활용하면 본론, 결론으로 전환할 때 부드럽게 넘어갈 수 있다.

도입부의 설명을 끝내면 간격을 두지 말고 곧바로 본론으로 들어가는 것이 좋다. 본론으로 넘어가기 전에 미리 본론에서 이야기할 내용을 요약해 주면 집중하는 데 도움이 된다.

발표를 할 때에는 단순하고 간결한 리듬을 유지한다. 너무 복잡하면 청중은 더 이상 주의를 기울이지 않기 때문이다. 전체적인 흐름을 맨 처음과 중간쯤 되풀이하고 핵심 사항을 자주 요약, 정리한다면 순조롭게 프레젠테이션의 결론에까지 이를 수 있을 것이다.

이때 시간 배분을 적절히 하는 것이 중요하다. 서론이 너무 길면 본론과 결론이 엉망이 되어 버릴 공산이 크다. 본론은 길어도 되지만 너무 장황하면 안 된다. 본론이 지루해지면 아무리 좋은 결론을 제시해도 효과를 볼 수 없다. 청중은 이미 지쳐 있을 것이 틀림없다. 또 결론은 짧고 강렬해야 한다. 결론이 너무 길면 핵심을 놓치지 쉽다.

서론 10%, 본론 50%, 결론 20% 정도의 양으로 설정해 두고 나머지 20%의 시간은 질문 등 기타 사항이나 보충 설명을 위한 시간, 또는 서론-본론-결론의 시간 조절에 쓴다.

| 그림 17 | **3단 구성의 배분**

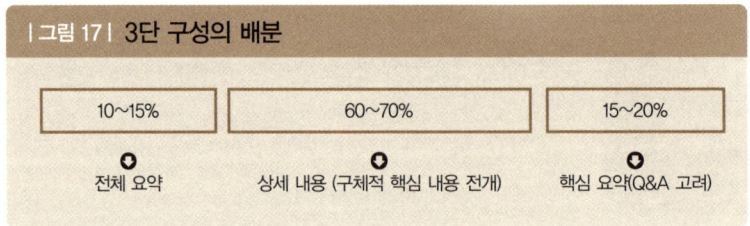

결론을 먼저 말하는 것이 효과적이다

보통 프레젠테이션에서는 서론을 말한 다음 곧장 본론으로 들어가는 것이 일반적이다. 그러나 시작할 때 결론을 먼저 말하는 경우도 있다. 프레젠테이션의 목적을 설명한 다음, 해당 목적에 맞는 결론을 미리 내놓는다. 그 다음의 과정은 앞서 제시한 결론을 이해시키고 설득하는 과정이다.

때로는 이런 연역적인 방법이 오히려 효과가 클 수 있다. 이럴 경우 본론은 결론을 설명하기 위한 근거와 자료와 논리의 제시로 전개된다. 결론을 받아들여야 하는 이유를 이해시키는 것이다. 마지막의 결론은 처음에 내린 결론을 다시 한번 강조하는 셈이 된다.

14 매력 있는 카피로 승부하라

상사는 부하직원이 올린 보고서나 기획서를 볼 때 무엇부터 볼까? 정답은 제목이다. 제목에서 전혀 새로운 접근이나 놀라운 사실을 발견하면 눈을 크게 뜨고 내용을 끝까지 읽어보게 된다. 그들은 보고서나 기획서의 제목만 보고도 전체를 판단할 수 있기 때문이다.

모든 문서의 얼굴 마담은 제목이다. 다른 어떤 부분보다 노력과 정성을 쏟아야 하는 것이 바로 제목을 결정하는 일이다. 그러므로 한 장의 발표 자료를 작성할 때에도 마치 광고의 헤드카피처럼 생각하고 제목을 결정하는 것이 중요하다.

제목은 문서의 내용을 한눈에 보여줄 수 있어야 한다. 동시에 눈길을 끌 만큼 강렬하고 정보를 전달할 수 있는 명확한 메시지가 포함되어 있어야 한다.

제목은 한눈에 보여준다

짧은 메시지, 강력한 헤드라인, 심플한 제목, 멋진 브랜드가 모든 걸 결정한다. 이제는 제목으로 승부를 걸어야 한다. 기획의 타이틀은 대체로 '○○를 위한 ○○안案'의 형태로 표현된다. '○○를 위한'은 목적을 말하는 것이고, '○○안案'은 목표에 도달하는 방법을 말한다. 즉, 기획의 타이틀은 기획의 '목적'과 '방법'을 압축한 몇 개의 단어를 결합하여 표현하는 것이다. 예를 들면 다음과 같은 형태로 작성할 수 있다.

'강사 이미지 제고를 위한 5Kg 체중 감량 계획(안)'

신문의 헤드라인처럼 함축적이면서 호기심을 불러일으키는 제목도 다수의 청중에게 궁금증을 갖게 하여 더 많은 참여를 유도할 수 있다. 다음은 제목을 결정할 때 유의해야 할 점들이다.

① 내용과 목적을 인지할 수 있도록 한다.
② 이해하기 쉽고 단순 명쾌하고 간결하게 표현한다.
③ 목적, 보고 대상, 활용 방법 등을 감안하여 결정한다.
④ 일상적인 언어를 쓰되 독특한 표현을 사용한다.
⑤ 구체적이고 실제적인 단어나 표현을 사용한다.
⑥ 목표를 제시하고 이익을 감지할 수 있도록 표현한다.

상상력을 자극하는 목차를 만든다

목차는 드라마의 예고편과 같다. 예고편을 보면 다음 드라마의 내용을 짐작할 수 있다. 동시에 시청자들의 상상력을 자극하여 미처 보여주지 않는 부분에 대한 궁금증을 유발시키는 역할을 한다. 프레젠테이션의 목차 또한 앞으로 진행될 프레젠테이션의 내용을 청중에게 한눈에 보여줌으로써 내용을 상상하도록 만들고 호기심을 유발하도록 만들어야 한다.

목차는 논리의 큰 틀이자 뼈대이다. 목차만 보아도 전체 논리의 흐름을 읽을 수 있고 결론이 무엇인지를 짐작할 수 있어야 한다. 또한 목차는 프레젠테이션 전체의 흐름을 보여주는 지도라고 할 수 있다. 따라서 서론-본론-결론의 3단계 구조에 따라 논리적인 비약이나 공백 없이 물 흐르듯 흐름을 이뤄야 한다.

① 제목이 대문이다.
② 요약문은 대문 안쪽의 내용을 알려주는 약도이다.
③ 목차만 보아도 내용을 짐작할 수 있도록 작성한다.
④ 목차에 정보를 포함한다.
⑤ 목차 구성은 아주 긴요한 요약 방법의 하나다.

한 편의 드라마로 만들어라 15

프레젠테이션에서는 철저한 기획이 필요하다. 프레젠테이션을 준비하는 것은 철저한 논리적 마인드의 바탕 위에서만 가능하다. 프레젠테이션을 준비하고 실행하고 평가하는 과정은 그 자체가 하나의 기획이어야 한다. 사전 준비, 즉 기획의 단계별 이행 없이 성공적인 프레젠테이션을 기대하기란 시작부터 어려운 일이다.

과거에는 기획 잘하는 사람이 기획 업무를, 보고 잘하는 사람이 보고 업무를 담당했다. 그래서 기획 초기부터 발표까지 모두 담당할 만한 전체적인 능력을 요구하지 않았다. 하지만 요즘은 'AtoZ' 인재를 원하고 채용하려 한다. 시대가 요구하는 인재가 되고 싶다면 남다른 시각으로 현상을 분석하고, 아이디어 도출과 논리적인 사고를 바탕으로 참신한 기획력을 발휘할 수 있어야 한다. 즉, 기획부터 발표까지 전체를 살피는 연출자의 눈과 무대 위에서 준비한 것을 최대한 보여줄 수 있는 연기력을 겸비해야 훌륭한 프레젠터가 될 수 있다.

주제 선정을 잘해야 발표가 돋보인다

모든 일에는 첫 단추를 잘 꿰는 것이 중요하다. 첫 단추를 잘못 꿰면 두번째, 세번째 단추를 꿰는 일이 점점 더 어려워진다.

주제 선정은 프레젠테이션의 내용과 전개 방법을 결정하는 데 중요한 역할을 수행한다. 따라서 주제 선정은 발표 후의 성공과 실패를 결정하는 중요한 요소가 되므로 신중해야 한다.

주제를 선정하는 데에도 요령이 있다. 상황에 맞는 주제, 자신 있는 주제, 참신한 주제, 주어진 시간에 소화할 수 있는 주제를 선택하는 것이 발표를 더욱 돋보이게 하는 요령이다. 기획에서 가장 중요한 것은 과제를 도출하는 과정에 있다. 앞서 설명한 바와 같이 기획 발상의 배경을 파악하고, 기획의 목적을 명확히 하며, 기획의 타이틀을 정했다면 좀 더 구체적인 기획 과제를 도출해야 한다.

기획에서 과제를 도출한다는 것은 '무엇을 할 것인가'를 정하는 것과 같다. 지금의 현상이 그대로 진행되었을 때 어떤 문제가 발생할 것인지 분석하고 대비책을 모색하는 것이다. 가령 중국의 금리가 인상되었다면 어떤 문제가 발생하고, 어떤 기회 요인이 발생할 것인지 등에 대해 분석한다.

이처럼 기획의 과제를 도출하고, 방향을 설정하는 데는 주로 '4각의 법칙'을 활용한다. 4각의 법칙이란 어떤 사실에서 각각 플러스(+)와 마이너스(-) 영향을 분석하여 바람직한 목표를 설정하고, 그 목표에 도달하기 위한 기획 과제를 도출하는 것을 말한다. 이와 같이 사실에 입각하여 긍정적 영향과 부정적 영향을 분석하고, 바람직한 목표를

| 그림 18 | 4각의 법칙을 활용한 기획의 과제 도출 사례

❶ **사실** | 한 달 전 나는 능력은 있지만 성격이 무척 까다로운 직장 동료 한 사람과 부서원들이 보는 앞에서 심하게 다투었다. 하지만 아직 화해를 하지 않고 지금도 그와 불편하게 지낸다.

⬇

❷ **영향** | 그 동료의 성격이 까다로운 탓에 다른 동료들도 통쾌하게 여기긴 하지만(+영향) 그 동료와 불편한 관계가 계속된다면 하루하루 직장생활이 고달픈 것은 물론이고, 업무 효율성이 떨어질 것이며, 인사 평가에도(- 영향) 영향을 끼칠 것이다. 결국은 고용 자체가 불안정해질 정도로 내 직장생활에 대부분 부정적인 영향을 끼치게 될 것이 분명하다.

⬇

❸ **목적** | 그가 내 편이 되면 직장생활에서 다시 즐거움을 찾을 수 있고, 능력 있는 그의 협조로 업무 성과를 올릴 수 있으며, 그로 인하여 승진과 승급이 빨라질 것이다(기본 목적). 나는 더 많은 보수를 받아 성취감을 느끼고, 내 가족의 행복으로 이어질 것이다(부수적 목적).

⬇

❹ **목표** | 그래서 이번 달 안에 내가 먼저 화해를 청하는 것은 물론, 이 기회에 그를 내 편으로 만들겠다.

설정하여 목표에 도달하게 하는 것이 바로 '기획의 과제'이다. 이러한 기획의 과제는 한 개인의 일상생활에서 도출할 수도 있다.

목적 달성에 부합하도록 기획한다

어떤 프레젠테이션 유형이든 주어진 시간과 장소, 여건을 고려하여 목적에 부합하는 프레젠테이션이 되어야 한다. 판매 실적을 장려하고 직원들의 단합을 진작시키고자 엔터테인먼트형 프레젠테이션을 계획했는데 주관하는 사람이 분위기를 엄숙하게 유도하거나 전달 위주로 진행한다면 참석한 사람들이 외면할 수밖에 없다.

프레젠테이션은 구상, 즉 발상부터 기획 그리고 프레젠테이션까지 7단계로 이루어진다. 즉, 발상➡구상➡현황 분석➡컨셉트➡기획➡프레젠테이션 제작➡발표로 구성된다.

먼저 첫 단계인 발상은 '관심'에서부터 시작된다. 관심이 없으면 무엇을 해야 할지 모르며, 그에 따른 획기적인 아이디어를 이끌어내기 어렵다. 또 남들과 다른 시각과 사고가 필요하다. 그래서 기획자는 늘 '사고(思考)치는 사람'이어야 한다.

두번째 단계인 구상은 고객의 입장에서 무엇을 원하는지 찾는 과정이다. 고객이 자사와 경쟁자를 어떻게 비교하고 있는지 분석할 필요가 있기 때문에 이 단계에서는 고객 Customer, 회사 Company, 경쟁자 Competitioner를 일컫는 3C 분석을 잘 해야 한다.

현황 분석은 발상과 구상의 단계를 좀 더 실제적으로 분석하는 단계이다. 먼저 고객의 입장에서 자사와 경쟁자를 비교한 다음 트렌드를 살펴야 한다. 여기서 트렌드는 TEPS를 중심으로 살핀다. TEPS란 기술적 환경 Technological, 경제적 환경 Economic, 정치적 환경 Political, 사회문화적 환경 Socio-Cultural의 트렌드를 말한다.

▶▶ **TEPS를 고려한 현황 분석**

① **기술적 환경**

기술은 불연속적 변화를 일으키는 중요한 원인이다. 인터넷, 정보 기술, 우주 항공, 나노 기술, 에너지 기술 같은 신기술은 기존 사업의 영역에 획기적인 변화와 영향을 준다.

ex) 반즈앤노블과 아마존닷컴, 소니 CD플레이어와 애플 아이팟

② **경제적 환경**

장기 경제 동향 : GDP 성장률, 물가 상승률, 이자율
국제 동향 : 환율, 교역 규모, 국가별 경제 전망, 에너지 가격 동향
시장 경제 추이 : 주식 시장, 소비자 물가 동향

ex) 정유 산업 → 유가, 외식 사업 → 실업률 또는 소비자 물가지수, 반도체 산업 → 글로벌 경기 상황

③ **정치적 환경**

국가가 전략적으로 규제 정책을 운용하고 기존 제도의 변경 및 폐지, 새로운 제도 도입 등을 통해 특정 산업을 육성하거나 산업의 성장을 규제하고 신규 기업에 대한 인허가를 통제한다.

ex) 부동산 정책, 비정규직 관련법, 아파트 분양가 상한제

④ **사회문화적 환경**

소비자의 라이프스타일, 사회의식과 문화의 변화는 사회와 조직 구성원의 행동 양식을 변화시킴으로써 제품 및 서비스에 대한 구매와 사용 패턴을 변화시킨다.

ex) 박카스와 비타500, 비타500과 17차, 웰빙, 요가와 명상

현황 분석이 완료되면 컨셉트를 정하고 본격적인 기획 단계로 넘어갈 수 있다. 이때 기획은 2W1H+1I에 입각하여 머리로 생각하는 것을 기본으로 한다. 즉, 무엇을 할 것인가 So What?, 왜 하는가 Why so?, 어떻게 하면 되는가 How to?, 새로운 아이디어는 없는가 Idea? 등에 대한 고민이다.

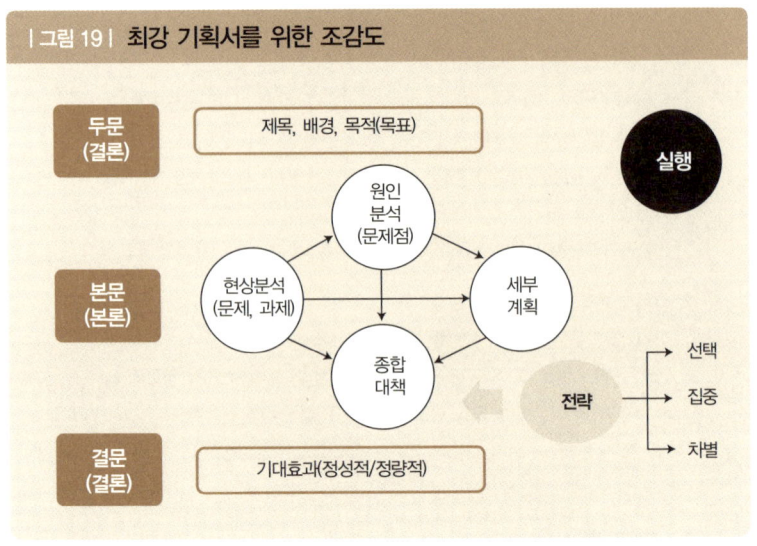

| 그림 19 | 최강 기획서를 위한 조감도

　　이제 기획서를 작성하는 등 프레젠테이션 제작을 완료하고 발표에 임하면 된다. 이때 한 가지 고려할 점은 사업은 사실에 입각하여 모든 업무를 처리할 수 있도록 해야 한다는 것이다. 따라서 기획서를 작성할 때는 거짓을 참으로, 참을 거짓으로 상대방을 속이려 하지 말아야 한다.

프로다운 철저한 시나리오를 준비한다

프레젠터에도 프로와 아마추어가 있다. 그 차이는 시나리오 수립의 유무이다. 성공적인 프레젠테이션을 위한 철저한 시나리오가 준비된다면 이미 전략이 수립되어 작전이 잘 짜여 있는 것이나 다름없다. 바로 이 시나리오의 양과 질적 수준에 따라 프로라는 이름을 붙일 수 있는 것이다. 성공적인 프레젠테이션은 효과적인 시나리오 수립으로부터 나온다는 것을 명심하기 바란다.

효과적인 시나리오 수립은 자기 자신을 파악하는 데서 출발한다. 앞서 프레젠테이션은 '자신을 판매하는 기술'이라고 정의를 내린 바 있다. 이 말은 자신의 강점과 약점에 대해 얼마나 파악하고 있는지 고민해야 한다는 말이다. 이를 통해 강점을 부각시키고, 약점에서 비롯된 부정적인 면을 최소화하기 위한 전략을 만들어야 한다. 가령 자신이 준비한 자료가 시각적인 측면에서 부족한 점이 있다면 언어적 표현을 통해 어떻게 보충해 나갈 것인가에 대한 전략을 수립할 수 있어야 한다. 이처럼 자신의 긍정적인 면과 부정적인 면을 상호 보완할 수 있는 방안을 생각할 수 있다면 자기 자신에 대한 전략이 세워진 것이다.

얘기치 못한 돌발 상황에 대비한 시나리오를 준비하는 것도 빼놓지 말아야 한다. 프레젠테이션 현장에서는 별의별 일들이 다 일어난다. 말도 안 되는 질문을 하는 사람이 있는가 하면, 프레젠터의 말꼬리를 물고 늘어지는 사람도 허다하다.

어디 그뿐인가? 노트북, 프로젝터 등 자신이 사용하는 도구의 오작동과 관련한 문제 역시 당사자를 당황하게 하는 주요 돌발 상황이다. 이러한 예측불허의 상황은 직접 경험하지 않더라도 충분히 예상할 수 있을 것이다. 돌발 상황에 대한 시나리오를 미리 작성하는 것은 매우 중요한 프레젠테이션의 성공 전략이 된다.

준비를 위한 체크리스트를 만들고 실행한다

드라마 각본이 준비되었다면 각본대로 촬영을 할 수 있는지 점검하는 작업이 필요하다. 프레젠테이션도 마찬가지다. 프레젠테이션을 위한 전 과정을 점검해 볼 수 있는 체크리스트를 만들고 이에 따라 실행하면 시행착오를 줄일 수 있다. 성공적인 프레젠테이션을 위해서는 다음과 같은 체크리스트를 만들고, 그 리스트에 따라 실행하는 것이 좋다.

① 목표는 설정이 되었는가? 목표가 명확하지 않다면 길을 모르는 운전기사와 같다.

② 프레젠테이션의 유형은 어느 쪽인가? 단순한 지식 전달을 위한 프레젠테이션인지, 기업 내부 구성원을 위한 동기부여가 목적인지 확인한다.

③ 청중에 대한 사전 지식은 갖추었는가? 청중의 대상은 누구인가? 기본적 지식을 갖춘 사람인가, 혹은 자세한 설명이 필요한 일반인이 대상인가? 교육 수준이나 직무는 어떤가? 의사결정자인가, 혹은 중간 관리자인가, 아니면 실무자인가?

④ 발표 원고와 설명을 위한 자료는 준비했는가? 시각적 자료에 대한 준비 사항과 자신이 말하고자 하는 것에 대한 시나리오 구성을 확인한다.

⑤ 장소에 대한 정보 분석은 되었는가? 장소 분석을 하지 않으면 뜻하지 않은 실수를 유발하므로 만전을 기하는 것이 바람직하다.

⑥ 프레젠테이션 장비는 잘 갖추어져 있는가? 슬라이드, LCD, LDP 프

로젝터, 랩탑, LCD 패널, 비디오, 멀티미디어, 사운드, 레이저 포인터, 라펠 마이크로폰, 오버헤드, 포스터프린터 등 프레젠터가 설명의 효율성과 비주얼 효과를 배가시킬 수 있는 장비를 선택하고, 오작동 유형을 분석하여 대체 장비를 준비한다.

⑦ 리허설을 했는가? 프레젠테이션도 하나의 무대이며 충분한 연습 없이는 아무도 무대에 설 수 없다. 진정한 프로는 1시간을 위해 10시간을 연습한다. 리허설을 통해 각종 문제점을 파악하는 효과와 함께 무대의 매너도 보완하는 중요한 시간이다.

⑧ 예상 질문은 충분히 생각했는가? 이것을 충분히 하지 않으면 허를 찔리는 결과가 나온다. 팀별 프로젝트에 대한 검토 시 문제가 될 만한 것들을 예상 질문으로 선택하여 충분한 답변을 준비한다.

⑨ 배포할 참고 자료는 준비되었는가? 관심을 유도하기 위해 청중이 자신의 말을 듣고 메모할 수 있는 참고 자료는 충분히 준비하는 것이 좋다.

⑩ 확신을 줄 언어 혹은 단어를 생각해 두었는가? 자신의 주장에 힘을 실어줄 수 있는 주요 단어와 어법 등을 미리 생각해 두는 것이 좋다.

컨셉트가 뚜렷한 전체 그림을 보여준다

내용을 구성하기 전에 전체적인 로드맵을 그리듯 프레젠테이션의 전체 내용을 한눈에 알아볼 수 있는 개요를 작성하는 일도 중요하다. 그런 다음 전체적인 그림을 가지고 세세하게 내용을 구성하고 구조화하는 작업이 이루어져야 한다. 말하자면 프레젠테이션의 개요를 청사진으로 만드는 셈이다.

'숲을 먼저 그리고 나무를 그리라'는 말이 있듯 프레젠테이션을 시작하기 전에 전체적으로 '명확히' 하고 넘어가야 하는 것이 있는데 그것은 바로 '컨셉트'이다. 컨셉트를 명확히 하는 일은 숲을 먼저 그린 후에 나무 한 그루 한그루를 상세히 그리는 것과 같다. 그런 점에서 컨셉트를 명확히 하면 적어도 내가 써내려갈 한 편의 드라마에서 길을 잃고 방황하지 않게 될 것이다.

훌륭하게 구성된 프레젠테이션은 의제를 우선 생각하는 것으로 시작한다. 전체를 파악하고 윤각을 잡으면 각 파트는 절로 그 역할이 명확해진다. 도입부에서는 우선 자기가 왜 이 주제를 선정했고, 목적이 무엇이었는지에 대해 설명하는 것이 좋다. 여기에서 공감을 얻어낸다면 이미 점수를 확보한 것이나 마찬가지다.

잘 짜인 구성은 격이 다른 설득력을 만든다

프레젠테이션에서 청중에게 설득력을 얻기 위해선 어떻게 해야 할까? 이에 대한 성공 야부는 잘 짜인 구조와 논리적 근거에 비례한다.

> 설득력=성공적 구조+논리적 근거

자료 작성은 흙을 벽돌로, 나무를 기둥으로 만드는 작업과 같다. 흙과 나무가 불량 제품이라면 그것으로 만든 벽돌과 기둥 또한 불량품이 되고, 결국 불량품을 사용하여 만든 물건은 신뢰를 잃게 된다. 이렇듯 프레젠테이션을 구성하는 자료들이 불량품이 되지 않으려면 논리적으로 타당한 근거를 제시할 수 있어야 한다. 그래야 청중을 설득할 수 있는 근거를 확보할 수 있다.

프레젠테이션은 프레젠터가 청중을 주어진 시간 동안 설득하는 데 그 목적이 있고, 그 목적을 달성하기 위해서는 발표 과정 동안 생기는 청중과의 보이지 않는 타협에 성공해야 한다. 교섭을 하면서 프레젠터 자신이 원하는 결론으로 청중을 이끄는 것이 중요하다는 의미다.

프레젠테이션의 준비를 위한 컨셉트 정리에서 가장 기본은 3단 구성이라고 할 수 있다. 3단 구성 작업은 먼저 3P 분석에 따른 목적, 청중, 장소를 확인하고 진행하려는 내용에 대한 전체적인 아웃라인을 파악한 다음, 이를 바탕으로 서론, 본론, 결론의 형식으로 내용을 하나씩 채워나가는 것이다. 그런 다음 시계열, 지리적, 논리적, 변증법적, 연역적, 귀납적 등 다양한 기술 방식을 활용하여 단계적으로 컨셉트를 정리한다.

스토리 라인은 골격, 스토리 보드는 레이아웃

프레젠테이션이 한창 진행되던 중간에 듣는 사람이 '무슨 소리야?' 하는 의문을 품게 되면 그 순간 듣는 쪽의 사고는 중단된다. 반대로 당신이 하는 이야기가 물 흐르듯 전개된다면 듣는 사람은 당신을 따라 목적지까지 순조롭게 나아간다.

  이 차이는 골격에 해당하는 스토리 라인과 내부 레이아웃에 해당하는 스토리 보드를 어떻게 짜느냐에 따라 결정된다. 스토리 라인과 스토리 보드는 마치 신축 백화점의 골격과 각층에 입점한 업체의 관계를 연상하면 쉽게 이해할 수 있다. 먼저 스토리 라인에 따른 내용 구성을 마친 다음, 슬라이드 별로 내용을 스케치하고 스토리 주제별로 슬라이드를 배치하면 된다.

  예를 들어 당신의 회사를 소개하는 프레젠테이션을 한다고 가정하자. 이런 경우 큰 항목은 과거, 현재, 미래 이렇게 시간의 흐름에 따라 짜야 한다. 그렇게 하면 듣는 쪽은 그 흐름을 따라 순항하다 자연스럽게 회사의 '미래'를 전망하게 된다. 잘 만들어진 요리책이 없다면 1만

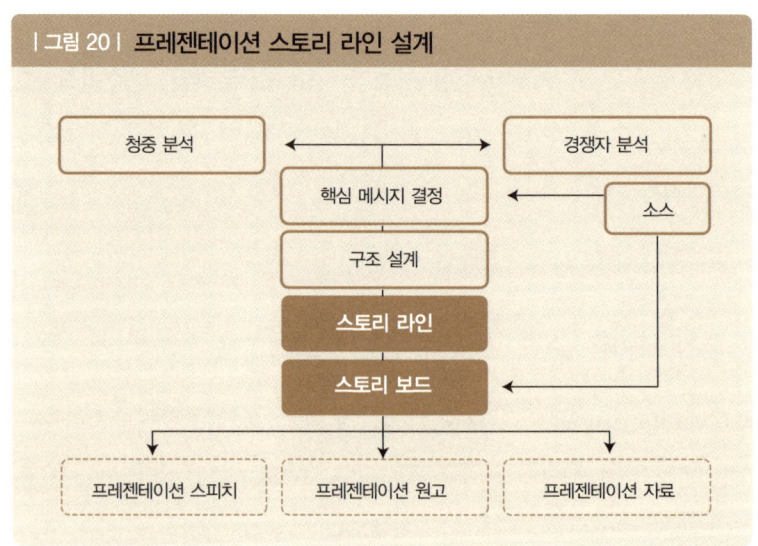

| 그림 20 | 프레젠테이션 스토리 라인 설계

명의 요리사가 요리를 해도 매번 만들 때마다 다른 요리가 되기 때문이다.

발표 원고의 대본을 완벽하게 만든다

최고의 프렌젠터 중에도 발표 원고를 연극 대본 쓰듯 철저하게 써서 외우는 이들이 적지 않다. 그들은 대사가 아닌 지문 부분까지 완벽하게 마련한다. 토씨 하나까지 빠뜨리지 않고 세밀하게 준비하는 셈이다.

물론 프로라면 이렇게까지 할 필요가 없을지도 모른다. 키워드나 핵심 단어만 기억하고 있어도 전체를 이끌어갈 수 있기 때문이다. 그러나 이런 철저한 준비 과정을 거치면 그만큼 프레젠테이션의 완성도가 높아질 수밖에 없다.

경험이 없는 초보들은 말할 것도 없다. 아무리 자신 만만해도 완벽한 준비를 해보는 것이 나중을 위해 약이 된다. 준비를 철저히 할수록 실수로 내용을 빠뜨릴 염려가 줄어들고, 무의식중에 부적절한 단어가 튀어나오는 일도 없어진다. 준비가 부족하면 군말이 많아지는데 이런 현상도 막을 수 있다.

시나리오가 완벽하게 마련되면 좋은 점이 또 있다. 리허설이 완벽하게 이뤄지기 때문에 실수할 가능성이 거의 없어진다. 아예 예상 질문까지 대본으로 작성해 두면 자신감이 더욱 커지게 된다.

16 기억에 남는 포인트를 챙겨라

전략이란 작은 것을 버리고 큰 것을 얻는 것이다. 지엽적인 것에 집착하여 큰 그림을 훼손시킨다면 좋은 전략이라고 할 수 없다.

프레젠테이션에서도 마찬가지 원리가 적용된다. 이는 자료를 만들 때나 발표를 할 때나 항상 염두에 두어야 한다. 프레젠테이션 기획서를 작성하거나 발표를 할 때 보면 이런 측면에서 실수를 범하는 프레젠터가 의외로 많다. 청중에게 전달하고자 하는 내용이 너무 많을 경우 전체적인 맥락에서 볼 때 중요하지 않은데도 불구하고 작은 설명에 집착하다가 정작 청중에게 전달해야 할 중요한 메시지를 희석시키는 경우가 있다. 이렇게 되면 청중은 쉽게 지루함에 빠지고 중요한 메시지를 머릿속에 담지 못하고 만다. 여기서는 청중에게 핵심 메시지를 어떻게 전달하는 것이 효과적인지 살펴본다.

기발함으로 승부한다

남들보다 긍정적으로 보고(See Positive), 남들과 다르게 보고(See Different), 남들이 보지 못하는 것을 보고(See Another), 마지막으로 그것을 기록해야 한다. 이 세 가지 사고 방법을 일컬어 'PDA 사고'라고 한다.

그렇다면 긍정적으로 본다는 것은 무엇인가? 그것은 다른 사람들이 모두 불가능하다며 비관하는 상황이나 문제에 처했을 때 작은 가능성이라도 발견하여 그것을 성공시키려는 자세를 말한다. 무엇보다도 해내겠다는 의지를 버리지 말아야 한다.

남과 다르게 본다는 것은 상식적이고 평범한 시각을 벗어나라는 뜻이다. 어떤 일의 해결 방법이 꼭 한 가지뿐일 수는 없다. 수많은 방법이 있을 수 있다. 가능한 방법을 최대한 생각해 낸 다음 최선의 방법이 무엇일지 따져보아야 한다. 최선이 안 되면 차선을 선택할 수 있도록 말이다.

남들이 보지 못하는 것을 본다는 뜻은 시야를 넓히라는 의미다. 문제를 너무 가까이에서 들여다보면 늘 보던 부분만 보게 된다. 그러나 몇 걸음 떨어져서 보면 평소 보이지 않던 것들이 보이기 시작한다. 해답은 문제 안에 있기도 하고 문제 밖에 있기도 한다. 모든 가능성을 고려해야 한다.

아이디어로 설득력을 높인다

프레젠테이션은 남들에게 자신의 의견을 설득하거나 남들이 원하는 내용을 설명하는 것이다. 그러므로 남들과 똑같다면 평범한 설명회가 될 수밖에 없다. 누가 그 프레젠테이션에 감동을 느끼고 그 아이디어를 채택하겠는가.

프레젠터는 늘 새로운 아이디어를 찾아야 한다. 남다른 아이디어야말로 설득력이 있다. 자질구레한 설명으로 설득하기보다는 아주 색다른 아이디어를 들고 나오는 것이 차별화된 설득력과 호소력을 가질 수 있는 비결이다. 즉, '이것이야말로 아무도 따라올 수 없는 나만의 방법입니다' 라고 말할 수 있어야 한다.

중요한 것을 먼저 제시한다

발표하는 상대가 상사든, 동료든 혹은 고객이든 관계없이 모든 청중에게는 한 가지 공통점이 있다. 바로 그들 모두는 프레젠터의 발표를 여유롭게 듣고 앉아 있을 만큼 한가하지 않은 사람들이라는 점이다. 그러므로 프레젠터는 요점만을 신속하게 전달해야 한다. 이것은 모든 유형의 일대일 대화에 필요한 공통적인 핵심이다.

발표를 잘하기 위한 첫걸음은 가장 중요한 메시지가 무엇인지 찾아내는 것이다. 그저 막연하고 불확실하게 말하지 마라. 대신 자신이 왜 이 내용을 말해야 하는지, 무엇을 전달하려고 하는지를 정확히 알아야 한다. 이것은 청중 역시 마찬가지다. 왜 이 이야기를 들어야 하는지, 무엇을 얻으려고 하는지를 알아야 프레젠테이션에 참석한 의미가 있는 것이다.

핵심 메시지를 청중에게 전달하는 방법 또한 중요하다. 가장 효과적인 방법은 중요한 것을 먼저 제시하는 것이다. 이야기를 다 듣고 나서야 전체를 이해하게 만들지 말고, 먼저 중요한 핵심을 말하는 것이 청중의 집중력을 높일 수 있는 효과적인 방법이다.

▶▶ 효과적인 메시지 전달 방법
① 포인트를 먼저 말하는 것이 좋다.
② 그런 다음에 이유를 제시한다.
③ 구체적으로 사례를 들어 입증한다.
④ 중요한 사항을 다시 한번 강조한다.

직설적이고 현명하게 표현한다

비교를 하는 것은 가장 직설적인 강조 방법 중 하나이다. 비교를 하는 가장 큰 목적은 그것을 통해 한쪽을 다른 쪽보다 돋보이게 만들기 위한 것이다. 강조를 할 수 있는 가장 간단하고 명료한 방법이기도 하다.

같은 내용도 어떤 방법으로 비교하느냐에 따라 받아들이는 입장에서 임팩트가 달라질 수 있다. 몇 개의 예를 제시해 놓고서 청중 스스로 이성적으로 판단하게 만드는 방법도 있고, 일대일로 꼼꼼히 비교하여 강렬하게 차이를 강조할 수도 있다.

비교를 할 때에는 차이점이 선명히 보이도록 분명하고, 직설적이며, 간단하게 이야기하는 방법을 선택하는 것이 좋다. 설명이 길어지면 이야기의 핵심이 흐려질 수 있다.

구체적인 단어로 표현한다

자료 작성을 할 때에는 되도록 구체적인 단어를 사용해야 한다. 막연한 단어 사용은 가장 쉽게 저지르는 실수 중 하나다. 무의식중에 자주 쓰는 단어 중에는 '최선, 다소, 조만간, 극대화' 등 정확하게 정도나 시점을 지정할 수 없는 말들이 많다. 이런 단어들은 비즈니스 세계의 단어가 아니다.

막연한 표현들을 보완하는 가장 좋은 장치는 숫자를 활용하는 것이다. 숫자가 들어가면 왠지 정확한 자료라는 느낌이 든다. 그냥 '생산량 극대화'보다는 '92%까지 극대화'라고 하면 막연한 개념이 오히려 더 정확하게 들린다. 그러나 숫자의 남발은 개념을 혼란스럽게 만들 여지가 있으므로 적정한 선에서 활용하는 것이 바람직하다. 근거 없는 숫자는 오히려 신뢰감을 깨뜨리는 역효과를 낼 수 있다. 그러므로 일단은 구체적인 단어를 쓰는 데 신경을 쓰는 것이 좋다.

결론에 모든 걸 걸어라

프레젠터가 가장 자신감 있게 설명해야 할 부분은 결론이다. 장황한 설명보다는 간단명료하게 구성해야 한다. 프레젠테이션의 결론에서는 먼저 핵심 요지를 다시 언급하면서 전체 줄거리를 상기시켜 준다. 그런 다음 전체 아웃라인을 요약하여 설명한다. 최종적으로 프레젠터가 말하고자 하는 핵심 사항을 명확하게 진술한다. 프레젠터가 진술하는 핵심 사항에는 목적 달성을 위해 청중에게 주려 했던 효과가 드러날 수 있는 설명, 또는 의사결정에 극히 필요한 사항 등이 포함되어야 한다.

>> **효과적인 결론 내리기**
① 결론부터 말하라.
② 근거나 출처 제시를 하라.
③ 방법을 간략하게 요약하라.
④ 기대 효과가 무엇인지 분명하게 말하라.

너무 많은 정보는 오히려 해가 된다

프레젠테이션에서 전달하고자 하는 정보가 너무 많으면 프레젠터가 논리적으로 전개하기 어려울 뿐만 아니라 청중도 쉽게 이해하지 못하게 된다. 따라서 프레젠테이션의 목적을 명확하게 설명하고 논리적인 전개가 이루어질 수 있도록 불필요한 정보는 삭제해야 한다. 반드시 전달하고 싶은 자료가 있다면 발표 이후 별도의 자료로 배포하는 것이 효과적이다.

청중에게 가장 필요한 것은 제품에 대한 모든 정보가 아니다. 나에게 필요한 정보, 즉 제품이 청중에게 주는 이득을 제시하는 것이 중요하다. 정보가 자세하다고 해서 반드시 좋은 것은 아니다. 가령 노인에게는 복잡한 휴대폰 기능들이 귀찮기만 할 뿐 장점이 될 수 없다. 그러므로 노인에게 제품을 설명한다면 그들에게 맞는 적절한 기능만 강조하는 것이 더욱 효과적이다. 결국 청중의 성향에 맞추어 제품의 특성을 자세히 모두 설명하는 것보다는 청중에게 돌아갈 혜택을 중심으로 짧게 말하는 것이 낫다. 소비자는 그 제품이 자신에게 의미가 있을 때 구매하기 때문이다.

너무 길게 이야기하는 것도 프레젠테이션에서는 독이다. 미국의 작가 마크 트웨인은 어느 일요일 아침 교회에서 목사의 설교를 듣고 있었다. 그날따라 목사의 설교가 아주 재미있다고 생각한 그는 헌금 상자 속에 10달러나 되는 큰돈을 넣으리라고 마음먹었다. 그런데 목사의 설교가 점점 길어지더니 언제까지 있어도 말을 끝낼 것 같지 않은 분위기가 되자 슬그머니 짜증이 났다. 그래서 그는 헌금 상자 속에 넣을 돈을 10달러에서 2달러로 줄이고 말았다. 하지만 그래도 목사의 장광설은 계속되었다. 결국 몇 시간 후 헌금 상자가 그에게 돌아왔을 때 마크 트웨인은 화가 나서 마음속으로 깎아내린 2달러마저 내지 않았다고 한다.

프레젠테이션 기획은 양보다는 질이다

프레젠테이션은 핵심으로 전체를 대변한다. 기획서는 단 한 장을 만들더라도 핵심을 챙기며 양보다는 질로 승부하는 것이 정답이다. 힘은 간결하게 정리된 언어에서 나온다. 최대한 단순해지는 것이 설득력을 높일 수 있는 지름길이다.

삼성의 설립자인 이병철 회장은 회의를 할 때 반드시 사업계획서나 마케팅 계획서를 작성하도록 했다. 이때 계획서 작성에는 두 가지 원칙이 있었는데 하나는 쉽게 표현하라는 것이고, 다른 하나는 한 페이지마다 글을 반 정도 쓰고 하단에 도표나 그림이 보이도록 작성하라는 것이었다. 쉽게 간결하고 한눈에 알아 볼 수 있는 계획서를 만들도록 한 것이다. 그는 이러한 방식으로 보고를 받고 반도체, 통신, 컴퓨터와 같은 새로운 사업들의 투자를 결정했다.

프레젠테이션이 끝나면 요약과 요점이 청중의 기억 속에 남아야 한다. 기획서를 단 한 장 만들더라도 핵심이 되는 요약과 요점만은 꼭 챙기는 것이 중요한 이유다. 식당에 밑반찬을 많이 제공한다고 음식점에 손님이 바글바글하지는 않는다. 프레젠테이션도 마찬가지다. 슬라이드 한 장에 요약 한 줄과 요점 덩어리 3~5개 이내로 정리되어 있으면 그만이다. 어떤 프레젠테이션 기획서는 자료와 컨텐츠에 대한 욕심이 지나쳐 너무 많은 양의 요점들로 슬라이드가 빼곡한 경우가 있는데, 이는 오히려 효율성이 떨어진다.

지겨운 본론처럼 끔찍한 일은 없다

본론은 테마를 설명하기 위한 세부 요지들로 구성되며 각 세부 요지들은 논리상 연계되어 청중들이 자연스럽게 프레젠터의 의도를 이해할 수 있어야 한다. 본론의 구성은 다음과 같은 5단계 절차에 따라 작성하는 것이 일반적이다.

① 1단계 : 프레젠테이션 테마를 구성하는 요지를 나열한다.
② 2단계 : 나열된 요지 중 유사한 주제를 묶고 사소한 주제는 과감히 제거하여 3개의 핵심 요지를 선정한다.

③ 3단계 : 인과관계, 의미상 절차 등에 따라 3개의 핵심 요지들의 발표 우선순위를 정한다.
④ 4단계 : 각 핵심 요지별로 1, 2, 3단계를 반복하여 하위 레벨의 핵심 요지를 작성한다.
⑤ 5단계 : 최종적으로 프레젠테이션 논리 및 발표 순서를 조정한다.

당분간 3자에 미쳐보자

'3'이라는 숫자는 단순함의 마지막이자 복잡함의 시작이다. 1과 2와 3은 나눌 수도 쪼갤 수도 없지만 4부터는 달라지지 않는가.

세계 최고의 MBA 요람인 와튼 스쿨, MIT, 하버드 등의 학생들은 개인적인 단순한 질문에도 첫째, 둘째, 셋째, 이런 식으로 요점을 정리해 자신의 의사를 전달하도록 훈련받는다. 그 이유는 '3'이라는 숫자가 토론과 발표, 글쓰기에 이르기까지 아주 중요한 요소이기 때문이다. 따라서 '3'자를 기본으로 하는 습관을 들이면 자신의 생각을 논리적으로 조직화하고, 구조화하여 주장하는 바를 타인에게 설득력 있게 전달하는 데 도움이 된다.

▶▶ **3자 습관의 효과**
① 보다 넓고 깊게 생각하여 일상 업무에서의 산만함을 제거할 수 있다.
② 중복과 누락을 최소한으로 제거할 수 있다.
③ 새로운 해결책이나 아이디어가 증진된다.
④ 설득력 있는 자료 구성으로 이해 관계자에 대한 커뮤니케이션, 교섭력이 증대된다.

설득력 있는 자료 및 시나리오 구성

프레젠테이션 안에는 수많은 내용들이 담겨 있다. 그 많은 내용으로 구성된 프레젠테이션을 효율적으로 전달하려면 적절한 그룹으로 묶는 작업이 필요하다. 훌륭한 프레젠테이션은 대부분 세 가지 아이템이나 세 개의 그룹으로 구성된다. 그러나 여기서 끝이 아니다. 세 가지 요소로 묶은 내용이라 할지라도 그것을 청중에게 정확하게 전달하고 이해시키며, 나아가 기억시키려면 내용을 세 단계로 구조화해야 한다.

성공한 CEO의 프레젠테이션을 관찰하면 이런 특징과 함께 그들의 성공 비결을 벤치마킹할 수 있다. 스티브 잡스의 프레젠테이션 방식은 방송의 뉴스 전달 방식과 흡사하다.

① 헤드라인 : 지금부터 하려는 이야기를 설명한다.
② 본론 : 세부 사항을 쪼개어 자세히 설명한다.
③ 요약 : 본론을 정리하면서 끝낸다.

이 3단계 구조는 먼저 전체 개요를 이야기하고 본론을 이야기한 다음, 마지막으로 다시 한번 요약해 주는 구조이다. 앞뒤에 오프닝 멘트와 클로징 멘트를 추가하면 된다. 오프닝은 관심을 끌기 위한 장치며, 클로징은 청중의 기억을 상기시키기 위한 장치다.

프레젠테이션은 되도록 3단계 구조로 만드는 것이 좋다. 한 주제에 대해 3개의 이야기를 만들고, 그 3개의 이야기가 모여 하나의 장을 형성한다. 또 1, 2, 3장이 모여 하나의 섹션을 형성한다. 1, 2, 3섹션이

| 그림 21 | 성공한 CEO의 프레젠테이션 비교

스티브 잡스
핵심적인 키워드만……
슬라이드보다 설명 우선
청중 중심의 프레젠테이션 프레젠터

빌 게이츠
많은 이미지와 텍스트
슬라이드 중심의 설명
프레젠터 중심의 프레젠테이션

모여 다시 전체 프레젠테이션을 형성하는 식의 구조이다.

결정적인 카드로 마지막 KO펀치를 날려라

기억에 오랫동안 남는 드라마나 영화의 공통점은 엔딩이 멋있다는 것이다. 기억에 남는 프레젠테이션이 되려면 마찬가지로 엔딩에 각별히 신경을 써야 한다. 여기서 주의할 점은 머리에 기억시키려 하지 말고 가슴에 기억되도록 희노애락을 보여주어야 한다는 것이다. 즉, 엔딩은 반드시 감동으로 마무리하라는 의미다.

감동을 주려면 치밀한 계획과 상당한 시간이 필요하다. 서서히 감정 상태를 끌어올려 일정 수준에 올랐을 때 강력한 펀치를 날려야 감동을 줄 수 있기 때문이다. 그렇게 하기 위해서는 마지막 순간에 가장 강한 감동을 준비해 두는 것이 좋다. 청중에게 가장 호소력이 강한 카드가 있다면 그것을 마지막에 사용하는 것이 좋다는 뜻이다. 처음부터 흥미롭고 호소력이 강한 이야기들을 다 풀어놓으면 나중에는 청중들의 긴장과 집중력이 떨어져 좋은 효과를 낼 수 없다. 가장 강력한 무기를 마지막에 보여주는 것이 가장 기억에 강하게 남기는 방법이다.

에필로그는 개성을 담아 마무리하라

프레젠테이션의 마무리는 오프닝 못지않게 중요하다. 대부분의 프레젠터들이 프레젠테이션 종반까지 잘 진행하고 마지막 마무리로 "오늘 제 프레젠테이션을 경청해 주신 데 대해 감사의 말씀을 드립니다"라는 틀에 박힌 인사를 하고 나오는 경우가 많다. 이런 경우 청중은 밋밋한 인상을 받아 바로 프레젠테이션에 대해 잊어버리게 된다. 마무리의 인상이 약해서 청중이 쉽게 잊게 된다면 투자했던 그 많은 노력과 시간이 얼마나 아깝겠는가.

바로 이런 이유 때문에 강렬한 인상을 청중에게 줄 수 있도록 프레젠테이션에서는 마지막에 에필로그를 사용한다. 클로징에서 특히 명심할 것은 청중의 감성에 호소하는 펀치라인을 날리는 것이다. 정서적으로 감동을 준 기억은 오래 간다. 마무리 터치라인은 처음 시작인 펀치라인과 대구를 이루는 것이 이상적이다. 처음에 소품을 사용했으면 마지막에 한 번 더 보여주는 식이다. 공감할 만한 문구나 구체적인 행동 지시, 또는 적절한 시 한 편을 이용하는 것도 좋다. 단, 여기서는 새로운 이야기를 더 이상 꺼내지 않는 것이 좋다.

　마무리를 할 때에는 발표 중에 실수했던 부분이나 아쉬웠던 점들이 있으면 보충해 주는 시간을 갖는 것도 바람직하다. 프레젠테이션을 하다보면 자신도 모르는 사이에 빠뜨렸거나 생각과 다르게 이야기한 부분이 생긴다. 또 자기 통제에 실패해 제대로 전달이 안 되었다고 생각되는 점들이 있게 마련이다. 이런 아쉬움을 마지막에 잘 마무리해야 한다. 야구도 마무리 투수의 책임이 가장 무거운 것처럼 마지막에 후회를 남기지 않도록 하자.

행동하도록 요청하면서 끝낸다

훈련소에서 건빵을 먹고 싶은 훈련병이 있었다. 하지만 아직 훈련을 받는 사병이라서 어디서 건빵을 구하는지 알 수가 없었다. 그래서 그는 가장 무섭고 혹독한 교관에게 다가가 건빵 한 봉지만 달라고 요청했다. 평소 그 교관의 행태로 보아 얼차례를 줄줄 알았는데 늦은 저녁 시간에 살며시 건빵을 건네주고 갔다.

　이 사례처럼 프레젠테이션에서도 청중에게 요구하고 싶은 것이 있으면 대상자를 명확히 하고 확실히 요청하면 된다. 단, 요청할 때 주의할 점은 상대방이 언제나 거절할 수 있다는 것이다. 그런데 당연한 거절에 상처를 받거나 받을까봐 요청을 하려는 시도조차 하지 못하는 이들이 의외로 많다.

　또 프레젠테이션은 청중에게 무슨 행동을 취해야 하는지에 대한 절차까지 분명하게 제시해야 한다. 청중은 문제나 과제를 어떤 식으로 해결해야 할지 구체적인 절차 및 방안을 지적해 주기를 바란다. 프레젠테이션을 듣는 상대방이 내용을 기억하고 메모하는 것은 구체적인 행동과 연관될 때이다.

▶▶ **프레젠터가 잊지 말아야 할 마무리 행동**
① 가능한 한 정열적으로 프레젠테이션을 끝마쳐라.
② 주요 메시지와 그 메시지의 의미를 반복해서 말하라.
③ 청중이 프레젠테이션을 모두 들은 후에 어떤 행동을 취하길 원한다면 청중에게 행동을 요청하라.

당신의 뜻을 행동으로 보여라

프레젠터는 단순한 발표문을 외우거나 읽어주는 사람이 아니다. 항상 능동적인 행동을 청중 앞에서 해야 하며, 가만히 서 있는 시간을 줄이는 것이 청중의 관심을 지속적으로 유도하는 중요한 테크닉이 될 수 있다.

자신이 강조하고 싶은 대목이 있다면 몸동작이나 행동도 보통 때와는 달라야 한다. 강조와 주장의 시점에서 얼굴과 손, 다리의 움직임을 다양하게 구사하는 소위 '개인기'의 습득이 필요한 것이다. 가만히 서서 말하는 사람을 끝까지 쳐다보는 사람은 거의 없다. 프레젠터가 가만히 서 있는 시간만큼 프레젠터의 의견에 관심 없어하는 사람이 많아진다고 생각한다면 당신은 어떻게 할 것인가?

청중은 당신이 주장하는 바를 듣기 위해 왔으며, 당신이 주장하는 바에 대해 반론이나 동의를 할 자격이 있는 사람들이다. 그렇다면 청중에게 당신이 주장하는 바에 대한 뚜렷한 강조를 행동적 신호로 주기적으로 보내주는 것이 청중의 눈과 머릿속을 바쁘게 움직이게 할 수 있는 중요한 기술이 된다.

프레젠테이션에 참석한 사람들이 다음 단계에서 무엇을 어떻게 해야 할지 모르는 상태에서 프레젠테이션을 끝내는 경우가 많다. 이렇게 되면 그 프레젠테이션은 단순히 시간 낭비일 뿐만 아니라 청중의 어떤 행동 변화도 기대할 수 없게 된다.

청중에게 요구하는 행동은 프레젠터가 말한 내용과 일치해야 한다. 프레젠터는 이제까지 발표한 내용에 기초를 두고 청중에게 그들이 무언가를 행동하도록 요청하고, 언제까지 해야 한다는 마감 시간을 지정해 주어야 한다.

허를 찌르는 자료를 준비하라 17

기억에 남는 프레젠테이션을 위해선 청중의 마음속에 들어가기 위한 다양한 노력을 시도해야 한다. 그러기 위해선 청중이 미처 생각하지 못한 자료나 이야기를 비장의 카드로 준비해 두는 것이 필요하다.

우선 논리와 사례로 청중을 설득하려는 노력이 필요하다. 공신력 있는 매체에 보도된 내용은 신뢰도 높은 입증 자료가 된다.

또 아직 세상에 널리 알려지지 않은 사람이나 사건에 관련된 이야기 역시 청중들의 호기심을 끌고, 사실적이라는 믿음을 줄 수 있다. 청중은 단순한 사실을 나열하는 것보다 흥미로운 이야기에 더 관심을 보인다. 교훈적이거나 감동적인 이야기 아니면 유머러스하거나 깜짝 놀랄 만한 이야기로 청중의 관심을 끄는 것이 효과적이다.

'낯선' 정보를 이미 알고 있는 '구체적인' 정보에 연결시키는 비유도 이목을 끌 수 있는 표현 방법이다. 적절한 비유는 청중이 정보를 구체적으로 시각화해서 이해하는 데 큰 도움이 된다. 사실을 숫자로 말하는 대신 비유를 통해 말하면 의미가 더욱 쉽게 전달된다.

주장 뒤에는 상세한 근거를 댄다

프레젠터는 자신이 말하고 있는 핵심 주제를 보완하고 입증해야 설득력을 얻을 수 있다. 달랑 통계 자료만 보여줘서는 곤란하다. 표, 그림, 그래프, 사진 등의 시각 자료와 데이터를 제시하여 비교, 분석해 주는 것이 좋다. 청중의 입장에서는 한눈에 접근이 가능할수록 더욱 더 설득력이 강해진다.

가장 설득력을 갖는 것은 단순한 이미지들이다. 복잡한 내용을 단순화시켜 쉽게 받아들일 수 있도록 만드는 것이 중요하다. 가령 통계 수치보다는 그래프가 더 쉽고 강하게 메시지를 전달할 수 있다. 또 그래프보다는 강렬한 사진 한 컷이 더 전달의 파워가 강하다. 그때그때 경우에 맞게 적절한 자료를 보여주는 것이 백 마디 말보다 훨씬 효과적이다.

반대 대처법으로 내 편을 만든다

어떤 설득력 있는 주제를 발표한다고 해도 청중이 100% 긍정적인 시선으로 바라볼 수는 없다. 이때 반대 의견을 가지고 발표를 지켜보는 이들을 내 편으로 만드는 것이 유능한 프레젠터이다. 청중이 반대로 생각하는 것은 그들이 가진 고정관념으로부터 나온다. 이러한 청중의 생각을 바꾸거나 설득하기 위해서는 청중과 나만의 커뮤니케이션이 이루어지도록 만드는 '고립화 화법'을 활용하는 것이 바람직하다.

고립화 화법의 사례는 마틴 루터 킹 목사의 1963년 워싱턴 메모리얼 광장의 연설이 대표적이다. 당시 인종 차별 철폐를 위한 대규모 집회가 열렸을 때 30만 군중이 운집하여 분위기는 열광적이었다. 킹 목사의 연설 화면을 보면 말하는 사람은 킹 목사 한 사람이지만, 거기 모인 모든 청중이 킹 목사의 연설 한 마디 한 마디에 마치 자신이 직접 말하는 것처럼 몰입하여 열광하는 것을 느낄 수 있다. 연사와 청중 한 사람 한 사람이 서로 한 몸이 되어 감동을 공유하는 것이다. 이때 킹 목사의 연설 기법은 마치 연설의 교과서 같은 모습을 보여준다. 짧은 문장을 구사하되 아주 쉬운 구어체의 직설적인 말투가 마치 일대일로 대화하듯 한 사람 한 사람의 마음을 건드린 것이다.

언론의 평가를 증거로 활용한다

애플 컴퓨터의 스티브 잡스가 아이팟 나노 iPod Nano의 우수성을 입증해 보이기 위해 어떤 종류의 증거를 얼마만큼 보여주었는지 생각해 보자. 잡스는 아이팟 나노에 대한 언론의 평가를 증거로 활용하는데 매우 적극적이었다. 스스로 아이팟 나노에 대한 장점을 말하기보다는 언론에 드러난 사실들을 나열하는데 불과하고, 그 정보 역시 자신들이 제공한 것이지만, 효과는 백 마디 말보다 나았다.

자신의 학력을 직접 자랑하기보다는 자신의 성적표나 이력서를 보여주는 것으로 설명은 더욱 확실하게 된다. 자기 회사 제품을 자기 입으로 좋다고 주장한들 그 이야기를 액면 그대로 믿을 사람은 없다. 물건을 파는 사람이야 이익을 위해서 누구나 제품의 효능을 과장하게 마련이라는 사실을 모르는 사람은 없기 때문이다. 청중은 프레젠터의 이야기를 100% 믿어주지 않는다. 따라서 상대에게 확신을 심어주려면 확실한 증거를 제시하는 수밖에 없다.

스티브 잡스의 방법을 원용해 볼 수 있을 것이다. 먼저 언론사에 보도자료를 배포한 다음에 적절한 기사가 나왔을 때 그것을 수집해서 정리하면 훌륭한 설득의 자료가 된다. 기사는 공신력 있는 기관이 인정한 자료이므로 그대로 스크랩해서 제공하기만 해도 설득력 있는 자료가 된다. 이른바 '제3자 보증의 효과'이다. 물론 언론의 자료를 이용하는 경우 공신력 있는 매체를 선택해야 한다.

이때 주의할 것은 설득 자료가 너무 적어도 안 되고 너무 많아도 안 된다는 사실이다. 분량이 너무 적으면 설득력이 떨어지고, 너무 많으면 과장 또는 작전의 냄새가 나서 의심을 받기 쉬우므로 적당량을 사용하도록 한다.

예화를 들면 마음이 움직인다

링컨의 연설은 사람의 마음을 움직인 것으로 유명했다. 언젠가 그는 "사람들은 내 이야기를 좋다고 하지만, 그것은 내가 예화를 많이 들기 때문일 것이다. 예화는 사람에게 가장 이해하기 쉬운 것이기 때문이다'라고 말했다고 한다. 그가 한 말 중에 이런 이야기가 있다.

"내가 걷는 길은 험하고 미끄러웠습니다. 그래서 나는 자꾸 길바닥

위에 미끄러져 넘어지곤 했지요. 그러나 나는 곧 기운을 차리고 내 자신에게 말하곤 했습니다. 괜찮아. 길이 좀 미끄럽기는 하지만 낭떠러지는 아니야."

매우 간단하고 단순한 고백이지만 눈에 보이듯 선명하게 장면이 떠오르는 이야기다. 그리고 마치 앞에 있는 나 자신에게 해주는 이야기처럼 들린다. "괜찮아, 괜찮아……." 이 얼마나 따뜻한 위로인가.

다른 연설 중의 하나도 생생한 이야기로 들린다.

"나는 어릴 때, 가난 속에서 자랐기 때문에 온갖 고생을 참으며 살았습니다. 겨울이 되어도 팔꿈치가 노출되는 헌 옷을 입었고, 발가락이 나오는 헌 구두를 신었지요. 그러나 어린 시절의 고생은 용기와 희망, 근면을 배우는 하늘의 은총이라 생각하지 않으면 안 됩니다. 영웅과 위인은 모두 가난 속에서 태어났으니까요. 성실하고 근면하며, 자신의 일에 최선을 다한다는 정신만 있으면 가난한 집 아이들도 반드시 큰 꿈을 이룰 수 있습니다. 헛되이 가난을 슬퍼하고 역경에 굴복하여 울지만 말고, 미래의 밝은 빛을 향해 분투노력하며 성공을 쟁취하지 않으면 안 됩니다."

링컨은 스스로가 입지전적인 인물이었기 때문에 자신의 경험담마저 충분한 설득의 자료가 되었다. 애플의 스티브 잡스 역시 프레젠테이션을 할 때면 언제나 적절한 스토리를 개발하여 끼워 넣는 것으로 유명하다.

간단명료한 나만의 자료를 만든다

말로 설명하는 것에는 한계가 있으며, 이를 그대로 받아들일 청중도 없다. 믿을 만한 증빙 자료나 논리적인 근거를 보여줄 때 청중을 납득시킬 수 있다.

스티브 잡스의 경우 언론에 보도된 자료를 들이미는 것으로도 유명했지만, 애플사의 총수답게 늘 적절한 차트를 활용했다. 하지만 잡스의 차트는 결코 복잡하거나 어렵지 않았다. 마치 유치원생에게 보여주기 위해 마련된 차트처럼 단순하고 간단했다. 전문가들은 그의 차트 하나가 약 천 단어의 말보다 더 설득력 있다고 평가한다.

그는 차트에 절대로 숫자를 넣지 않았다. 숫자가 들어가는 순간 사람들의 머리를 짜증나게 만들기 때문이다. 그는 차트를 정교하게 정리했을 뿐 아니라 상당히 심리적인 트릭을 구사했다. 가령 아이폰 설명 차트에서는 수많은 폰들의 이름을 한군데에 몰아넣고 아이폰만 가장 높은 자리에 돌출되게 그려놓아 아이폰이 남다르다는 점을 부각했다.

스티브 잡스의 방법을 잘 활용하면 간단한 그림만으로 백 마디 설명보다 나은 효과를 얻을 수 있다. 단, 자료가 복잡해서 청중을 혼동하게 만들어서는 안 된다. 반드시 간단명료해야 된다.

핵심을 찌르는 단어를 선택한다

절제와 생략을 기본으로 완벽함을 추구하는 일본식 정원 디자인의 대부 코치 가와나 박사는 이런 이야기를 한 적이 있다.

"핵심을 살리려면 덜 중요한 것들을 제거해야 한다. 디자이너들은 숨기고, 감추는 미학을 유지해야 한다. 모든 것을 다 보여주려고 하면 결국 모든 것을 잃고 말기 때문이다."

너무 많은 것을 보여주려고 욕심을 내지 말라. 중요한 것은 핵심이다. 핵심 전달의 요체는 단순 명료함이다. 청중을 쉽게 이해시켜야 한다. 그러기 위해서는 어려운 단어나 한자를 쓰지 말아야 한다. 그저 쉽고 이해가 빠른 단어들로 핵심을 직설적으로 전달하는 것으로 충분하다.

핵심 단어는 짧은 시간 안에 핵심을 전달할 수 있는 단어를 말한다. 겉으로 드러난 현상뿐 아니라 속에 감추어진 본질까지 설명이 가능한 단어가 바로 핵심 단어다.

핵심 단어는 여러 개가 될 수 없다. 딱 하나이어야 한다. 단, 자신의 입장이 아니라 상대, 즉 고객이나 청중의 입장에서 핵심어라고 납득할 수 있어야 한다. 이렇게 선정한 핵심 단어는 프레젠테이션 전 단계에서 중요하게 사용된다.

청중의 이해를 돕기 위해 때로는 비속어를 활용하는 것도 나쁘지 않다. 추상적인 단어보다는 구체적인 단어를 사용해야 하는 프레젠테이션의 특성상 허용되는 일이다. 가령 '여성의 아름다움'과 같은 표현은 너무 추상적이어서 얼른 감이 오지 않는다. 대신 '이효리 같은 쭉쭉빵빵'이란 한 마디가 훨씬 호소력 있다.

또 사람들이 많이 알고 있거나 쉽게 이해할 수 있는 내용들을 인용하는 것이 효과적이다. 청중의 나이가 많을 경우 옛 사람들의 고사성

어에 나오는 단어를 인용하는 것이 적합하고, 젊은 청중이 대부분일 경우 인기 드라마나 베스트셀러 소설의 대목을 인용하는 것이 쉽게 접근할 수 있는 방법일 것이다.

프레젠터 본연의 임무는 청중을 이해시키거나 설득하는 것이다. 자신의 지식이 대단하다는 것을 청중에게 과시하러 나온 것이 아니라는 점을 잊지 말아야 한다. 그러므로 청중에게 철저히 눈높이를 맞추는 것이 중요하다.

증거가 없으면 사실이 아니다

청중을 설득하기 위해선 우선 그들의 신뢰를 얻어야 한다. 이를 위한 최선책은 증거 능력을 가진 자료를 확보하는 일이다. 설득력을 배가시키고 싶다면 증거를 수집하라.

프레젠터는 자신이 전달하고자 하는 메시지를 도출해 낸 이후에 전체 프레젠테이션에서 메시지를 뒷받침할 수 있는 근거를 수집하게 되는데, 이때의 근거들은 논리적으로 뒷받침할 수 있는 증거가 있어야 한다. 그렇지 않으면 청중들은 프레젠터가 전달하는 메시지 자체를 의심할 것이다.

어떤 사실을 근거 자료로 활용할 때에는 반드시 검증 과정을 거쳐야 한다. 때로는 청중이 프레젠터보다 더 잘 알고 있을 가능성이 얼마든지 있다는 것을 잊어서는 안 된다. 근거로 내세운 사실에 오류가 있어서는 안 된다. 작은 오류 때문에 다른 자료들까지도 모두 의심을 받

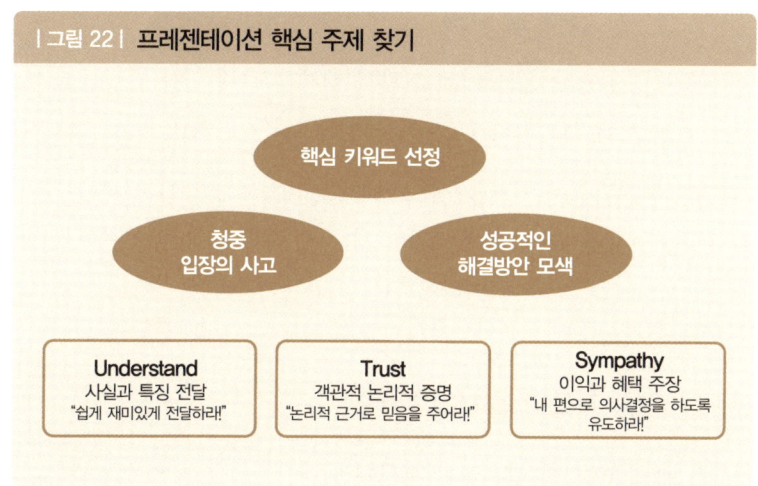

| 그림 22 | 프레젠테이션 핵심 주제 찾기

게 된다.

사실이 존재하지만 보여줄 방법이 없거나 입증된 적이 없다면 통계, 증언, 매체 보도 내용, 일화, 비유 등을 이용한다. 사실이나 주장을 입증할 방법은 대상에 따라 무한대로 늘어날 수 있다.

발표 내용의 신뢰성을 확보하는 방법 중 하나는 인용의 근거를 밝히는 것이다. 앞선 연구자들의 연구 결과물이라면 그 논문을 근거로 밝히면 발표 내용에 객관성과 신뢰성을 부여할 수 있다.

출처를 인용할 수 있는 자료들은 많다. 단행본, 논문, 신문, 잡지, 인터넷, 연설 등이다. 출처를 표시할 때에는 책의 제목이나 논문의 제목, 신문 잡지의 이름, 인터넷 홈페이지 주소, 연설의 제목을 먼저 명기한다. 그 다음에는 책의 저자, 논문의 저자, 신문 잡지의 기자 또는 필자, 연설의 연사를 명기한다. 이밖에 출판사의 이름과 출판연도, 그리고 책의 인용 페이지까지 적시해 주면 더욱 좋다.

논문의 경우에도 논문 게재 기관과 게제연도 및 인용 페이지를 밝힌다. 신문은 발행연원일을 밝혀주는 것이 좋다. 잡지는 발행 호수와 인용 페이지를 밝혀준다. 연설의 경우에는 연설 장소와 날짜를 표기하면 근거가 확실하다.

설득을 위한 자료를 철저히 준비한다

설득을 하기 전에 명심해야 할 사항이 있다. 당신 앞에 있는 사람들은 당신이 경험한 것 이상의 경험을 했다고 인정하는 것이다. 다시 말해 프레젠테이션이란 대학 교수가 초등학교 학생을 일방적으로 가르치는 행위가 절대로 아니라는 것이다. 어쩌면 청중은 프레젠터보다 더욱 많은 자료를 탐독했을 수 있으며, 당신을 곤경에 빠뜨리려는 의도로 앞에 앉아 있을 수도 있다는 것을 인정해야 한다.

그렇다면 프레젠터는 어떻게 해야 하는가? 자신이 제시하고자 하는 의도 혹은 제안 사항에 대해 청중이 아는 것보다 더욱 많은 자료를 확보하고 있어야 한다. 이를 바탕으로 그들이 생각하고 있을 가능성이 있는 내용들을 그들보다 먼저 터뜨리고 한발 앞서 나가는 것이 중요하다. 이렇게 선수를 칠 수 있다면 프레젠터는 궁극적으로 설득하고 싶은 내용에 대해 청중의 관심을 더 쉽게 끌어들일 수 있다.

청중을 설득할 때는 자신의 입장에서 설득하지 말고 반드시 상대의 입장을 고려해야 실패하지 않는다. 상대의 입장에서 그것이 왜 필요하며 무엇이 상대에게 도움이 되는지를 확실하게 인지시켜야 한다. 이를 위한 자료들도 구체적으로 제시해야 한다. 고객의 이익이 무엇인지 늘 스스로에게 질문을 던지면서 자료를 준비해야 한다.

STEP 4 작성

비주얼로 단번에
마음을 훔쳐라

프레젠테이션에서 메시지 전달은 주로 말로 이루어지지만,
때로는 백 마디 말보다 그림 하나, 사진 한 장이 더 큰 효과를 발휘한다.
비주얼 요소는 청중의 주의를 끌고 흥미를 불러일으키며,
메시지를 더욱 강화하는 역할을 한다. 그러므로 성공적인
프레젠테이션을 원한다면 레이아웃, 색상, 도형, 사진, 영상 등
비주얼 요소를 동원하여 전달하고자 하는 메시지를 입체화시킬
필요가 있다. 기획안 작성의 또 다른 핵심은 메시지를 단순화하는
것이다. 핵심을 살리기 위해선 모든 것을 보여주려는 욕심을 버리고,
중요한 것을 강조하는 단순 명료함을 선택해야 한다.

비주얼을 위한 스토리를 만들어라

마법의 레이아웃으로 청중의 시선을 모아라

한 장에 하나의 포인트만 담아라

잊지 못할 감동의 컬러를 선택하라

느낌으로 확인하고 재구성하라

Presentation 1막 4장

18 비주얼을 위한 스토리를 만들어라

어떤 내용을 전달할 때 말로 하는 것보다 글자를 함께 보여주는 것이 상대를 이해시키는 데 훨씬 유리하다. 또 기왕이면 글자보다 그림이나 사진이 좀 더 강력한 전달 수단이 될 뿐 아니라 기억에도 오래 남는다. 즉, 그림, 사진, 도표, 차트 등 문자 이외의 비주얼 요소들이 문자보다 더욱 전달 효과가 강하다. 대부분의 프레젠테이션에서 글자, 그림, 사진, 차트, 도표, 영상 등 다양한 시청각 자료를 동원하는 이유는 그 때문이다.

듣기만 하면 20%, 보면서 들으면 80% 기억한다

시각화의 장점은 여러 가지를 꼽을 수 있다. 우선 한눈에 의미 전달이 가능해 이해하기 쉽고, 기억이 잘 된다. 또 단순하고 구체적으로 표현하므로 애매한 표현이 줄고 집중력이 강해진다. 마지막으로 시각 자료는 객관적인 느낌을 주어 쉽게 공감을 얻어낸다.

시각 자료(비주얼)와 청각 자료(말)가 결합되면 전달 효과는 두세 배 정도 더 높아진다. 이는 시청각 효과가 청중의 오감을 자극하기 때문이다. 즉, 말로 설명하면 길어지는 이야기도 간단한 시각 자료를 곁들이면 더 효과적으로 전달할 수 있을 뿐 아니라, 상대의 동의를 얻어내는 데도 유리하다.

위스콘신 대학의 연구에 의하면 미국의 영어 교사가 시각 보조물을 효과적으로 활용하면 학습 효과를 200% 향상시킬 수 있다고 한다. 또 펜실베이니아 대학의 연구에 따르면 시각 보조물을 적절하게 활용하면 프레젠테이션 시간을 단축할 확률이 200%이고, 제안을 받아들일 확률은 무려 5배로 높아진다고 한다.

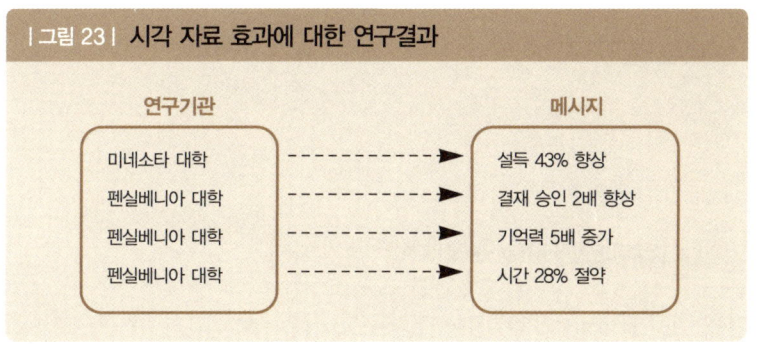

| 그림 23 | 시각 자료 효과에 대한 연구결과

신문에서 한 장의 사진이 주는 충격은 유능한 기자의 섬세한 기사 백 마디보다 더 많은 것을 설명한다. 이라크에서 폭격으로 죽은 사람들과 울부짖는 가족, 무참하게 살해된 아프리카의 야생 동물, 몸과 몸이 부딪치는 프리미어리그 축구 선수의 모습을 찍은 사진들은 상황을 명징하게 설명할뿐더러 머릿속에 강력한 낙인을 찍는다. 영상과 소리를 함께 보여주는 방송은 더 말할 것도 없다.

프레젠테이션에서도 전달하고자 하는 메시지는 주로 말로 이루어지지만 때로는 백 마디 말보다 그림 하나가 효과를 발휘할 때가 많다. 그림은 긴장이 풀어져 잠시 흐트러진 청중의 주의를 집중시킬 뿐만 아니라 청중의 흥미를 지속시키는 역할을 한다. 또한 프레젠터가 전달하고자 하는 메시지가 도형, 그래프 등과 함께 연상될 때 메시지는 보다 강력해진다. 그러므로 성공적인 프레젠테이션을 원한다면 전달하고자 하는 메시지를 입체화시킬 필요가 있다.

무엇이든 청중에게 차이를 보여주고 싶다면 눈으로 확인할 수 있도록 만들어야 한다. 슬라이드를 보고 청중이 눈이라는 카메라를 통해 사진을 찍어 머릿속에 저장하도록 만드는 것이다. 그러면 전달과 이해가 빨라 프레젠테이션이 편안해지고, 내용이 청중의 기억 속에 오래 남는다.

기획 다큐멘터리처럼 메시지를 강조한다

기획 다큐멘터리는 제작진이 보여주고 싶은 부분을 선명하게 부각시키는 것이 중요하다. 찍은 장면을 모두 보여주려고 욕심을 부렸다가는 무슨 이야기를 하려는 건지 모르겠다는 시청자의 불만을 사기 쉽다. 화면을 다루는 방송 PD나 영화감독들은 아까운 화면도 사정없이 잘라버린다. 본질을 이야기하는 데 거추장스러운 장면은 이야기 전달에 방해가 되기 때문이다.

프레젠테이션도 그런 식으로 진행되어야 한다. 준비한 그림을 전부 보여주려다가 모든 것을 잃을 수도 있다. 프레젠테이션에 동원되는 자료들은 간결하고 임팩트가 있어야 한다. 가령 시장 점유율을 보여주고 싶으면 막대그래프보다는 원그래프가 더 효과적이다. '점유율 1위'라는 사실을 부각하고 싶다면 그것만 강조하고 다른 요소들은 생략해 버리는 것이 낫다. 가장 점유율이 큰 1위와 2위 회사만 비교해 원그래프를 만드는 것이다. 기타 의미가 없는 작은 점유율까지 다 포함하면 '1위'라는 핵심이 쉽게 드러나지 않는다.

도표를 단순화한 다음에는 단순한 키워드를 첨가한다. 한 장의 키 비주얼과 한 줄의 키워드. 이것으로 전달하려는 메시지는 한층 더 명확해진다. 핵심 포인트가 명확하면 더 확실하게 기억할 수 있다. 텍스트는 최소한으로 축소하는 것이 좋다. 아예 없애버리는 것도 한 방법이다.

단순화시킬수록 메시지는 더 강해진다. 단순화와 명료화가 핵심이다. 나무가 많은 숲 속의 나무 한 그루보다 텅 빈 사막의 나무 한 그루가 눈에 더 잘 띄는 법이다. 하나를 살리기 위해 다른 것들은 모두 죽여야 한다.

무엇을 말하고 싶은지 스스로 답을 찾는다

강조하고 싶은 메시지를 효과적으로 부각시키기 위해서는 먼저 무엇을 말하고 싶은지 프레젠터 스스로 묻고 답할 수 있어야 한다. 그런 다음 한 장의 슬라이드를 통해 전달하고 싶은 내용을 시각 자료로 만든다. 슬라이드 내용에서 중요하다고 생각되는 부분을 크게 그리고 눈에 잘 띄는 색상으로 강조하면 무엇을 말하고 싶은지 쉽게 알릴 수 있다. 파워포인트 활용 능력이 있다면 애니메이션과 클립아트 등 좀 더 다양한 방법으로 핵심을 강조할 수 있다.

불필요한 정보를 줄이는 것도 핵심 메시지를 돋보이게 하는 방법이다. 여기서 줄이라는 의미는 정보의 양을 줄이라는 것이지 내용을 줄이라는 뜻은 아니다. 구체적인 실행 방법으로는 주요 메시지를 담은 자료를 참조하여 밑그림을 여러 번 그려보는 것이다. 이 작업은 컴퓨터 작업과 구분하는 것이 좋다.

마지막으로 작성한 시각 자료가 다음 질문에 부합하는지 확인한다. 긍정의 답이 나온다면 좋은 시각 자료가 완성된 것이다. 만일 그렇지 않다면 자료를 다시 수정해야 한다. 질문은 다음과 같다.

① 이 시각 자료는 청중의 이해를 돕기에 적합한가?
② 이 시각 자료는 청중의 흥미를 유발하기에 충분한가?
③ 이 시각 자료는 청중이 오래 기억될 수 있겠는가?
④ 이 시각 자료로 설명하는 시간을 절약할 수 있는가?
⑤ 이 시각 자료는 전체적으로 요약과 요점이 구분되어 있는가?

⑥ 이 시각 자료가 지나치게 적거나 많은 것은 아닌가?

주요 메시지를 돋보이게 정리한다

주요 메시지를 정리하는 것은 성공적인 프레젠테이션을 위한 가장 중요한 단계이다. 메시지를 정리하지 않으면 이야기가 뒤죽박죽이 될 가능성이 높다. 메시지는 음악에 비유하면 하나의 악장과도 같다. 모든 메시지는 주요 테마를 중심으로 조화롭게 구성되어야 한다. 주요 메시지를 정리하는 요령은 다음과 같다.

① 핵심어를 찾는다. 전달하려는 메시지에서 가장 핵심이 되는 단어를 찾는다. ex) 고객
② 핵심어를 이용해 한 마디 말을 만든다. ex) 고객의 중요성, 고객 만족 향상
③ 완전한 한 문장으로 만든다. ex) 고객이 만족할 때까지 서비스하라.
④ 전체적인 표현을 매끄럽게 다듬는다. ex) 고객을 왕처럼 받들어라, 고객이 왕이다.

프레젠테이션의 목적과 주요 메시지를 혼동할 수도 있다. 그러나 그것은 그다지 중요한 사안은 아니다. 목적은 프레젠테이션 내용 전체를 총괄하는 큰 개념이다.

'고객 만족 향상에 대한 우리 팀의 전략과 방법'과 같은 문장은 프

레젠테이션의 목적을 서술해 놓은 예이다. 이것은 매우 큰 목적이다. 이러한 목적을 이루기 위하여 프레젠테이션에서는 수많은 부분들을 이야기할 수 있는데, 이 중에서 핵심 포인트를 한 가지 뽑아야 한다. 그것으로 전체가 파악되기 때문에 이 포인트야말로 어둠 속의 한 줄기 빛과 같은 것이며, 주요 메시지이다. 고객 만족 향상이라는 큰 주제에 관하여 말하고자 하는 것이 바로 핵심 포인트인 것이다.

마법의 레이아웃으로
청중의 시선을 모아라   19

원활한 프레젠테이션을 위해 주로 사용되는 활용 도구는 다름 아닌 파워포인트이다. 파워포인트를 최대한 활용하는 것 또한 프레젠터에게 요구되는 능력이다.

프레젠터에게 특별히 요구되는 파워포인트 활용 능력은 지각 심리학을 이용하는 것이다. 멋지고 화려하게 만드는 것보다 보색 대비를 활용한 색상 배치와 글자 크기 및 글의 위치를 효율적으로 잘 배분해 청중으로 하여금 한눈에 쏙 들어오는 파워포인트를 제작하는 능력을 기르는 것은 중요하다.

비주얼 슬라이드 작성시 고려사항

비주얼한 슬라이드를 작성하려면 먼저 슬라이드의 구성요소를 파악하고 적절하게 배치할 줄 알아야 한다. 슬라이드를 작성할 때 고려할 사항에 대해 알아보자.

먼저 제목은 화면 전체의 내용을 한눈에 파악할 수 있도록 작성한다. 애매모호하거나 추상적인 제목보다는 구체적인 제목이 좋다. 어려운 말보다는 쉬운 말을 쓰는 것이 좋다. 너무 긴 제목도 문제지만 너무 짧아 핵심을 파악하기 어려워도 안 된다.

둘째, 정보 전달이 목적인지 동기부여가 목적인지 명확하게 표현한다. 슬라이드로 전달하려는 메시지가 제대로 표현되어 있어야 한다는 뜻이다.

셋째, 글자의 적절성을 고려한다. 설명하는 속도와 읽는 속도를 고려해 글자의 크기와 글의 양을 조절하는 것이 중요하다. 또 디자인 측면을 고려하더라도 두세 가지 글자체만 사용하는 것이 좋다. 너무 여러 가지 종류의 글자체를 쓰면 가독성과 집중력이 떨어진다. 지나치게 장식적이거나 변칙적인 모양의 글자체도 가독성을 심각하게 훼손하므로 피하는 것이 좋다. 눈길을 끄는 것도 좋지만 내용 전달이 우선이기 때문이다. 참고로 흔히 쓰는 명조체는 평범한 대신 다른 서체에 비해 가독성이 높아 읽기 편하며, 고딕체는 가독성은 조금 떨어지지만 남성적이고 강한 느낌을 전달하기에 좋다.

넷째, 정보를 과다하게 담지 않는다. 정보를 너무 많이 담으려고 욕심내면 실패한다. 비주얼 화면에 알맞은 양을 설정해 화면에 들어갈 수 있는 분량만 넣는다. 나머지는 말로 설명하는 것이 낫다.

다섯째, 색상을 적절하게 배합한다. 색상이 너무 단순하면 지루한 느낌이 들고, 너무 현란하면 집중력이 떨어진다. 몇 가지 색상을 쓰느냐에 따라서도 효과는 다르게 나타난다. 색상의 배합은 클라이막스를 향해 점점 올라갔다가 마무리하는 느낌이 들도록 하는 것이 좋다. 같은 색 계열은 차분하게 동화되고 반대색 계열은 강하게 대비된다는 점을 고려하여 심리적인 효과를 최대한 이용하는 색상 배합을 찾아보자.

여섯째, 그래프, 일러스트, 사진 등 시각적 효과를 줄 수 있는 매체를 사용하면 금상첨화다. 이미지는 한눈에 내용을 파악할 수 있는 장점이 있으므로 적극적으로 활용하는 것이 좋다.

일곱째, 과도한 애니메이션은 자제한다. 애니메이션은 과장된 그림이므로 지나치게 남발하면 현실 감각이 떨어져 메시지의 핵심에서 벗어날 위험이 있다.

여덟째, 키워드 중심으로 작성한다. 어떤 부분이든 중요한 단어가 있게 마련인데, 이런 핵심 단어를 중심으로 프레젠테이션을 구성한다. 모든 메시지들을 동일하게 취급하면 안 된다.

아홉째, 슬라이드 하나에 메시지는 하나씩 배치한다. 한 슬라이드에 두세 가지 메시지를 동시에 담으면 명확한 전달과 빠른 이해에 도움이 되지 않는다.

마지막으로 화려함보다 단순함이, 복잡함보다는 간결함이 우선이다. 슬라이드 내용은 시선이 분산되지 않고 메시지에 집중할 수 있도록 단순 간결하게 정리한다.

▶▶ 비주얼 슬라이드 작성 시 고려사항

① 제목의 적절성
② 목적 달성 충족
③ 글자의 적절성
④ 과다하지 않은 정보
⑤ 색상의 적절한 배합
⑥ 그래프, 일러스트의 사용
⑦ 과도한 애니메이션 자제
⑧ 키워드 중심으로 작성
⑨ 슬라이드 하나에 메시지 하나
⑩ 단순 간결한 구성

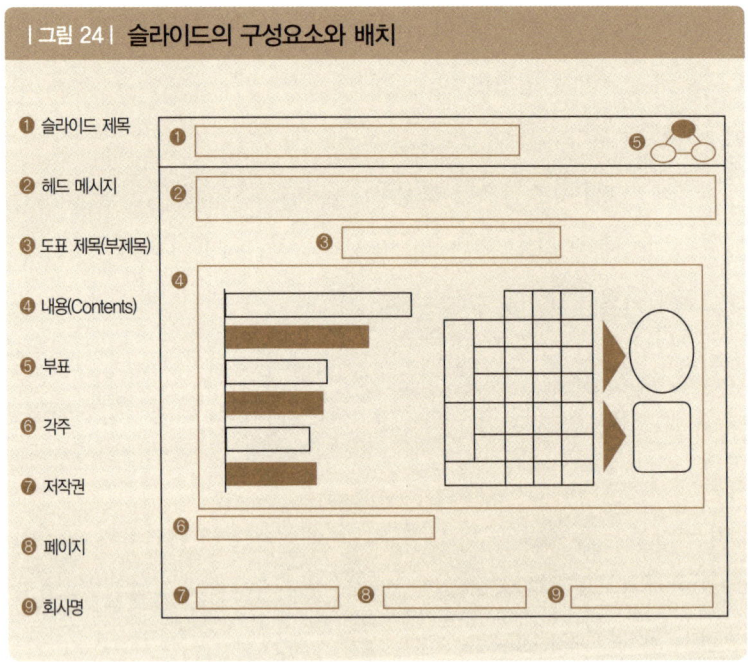

| 그림 24 | 슬라이드의 구성요소와 배치

시각화의 네 가지 원리

들은 것은 금방 잊어버리지만 눈으로 본 것은 기억하게 되고, 직접 경험한 것은 이해하게 된다고 했다. 시각화한다고 해서 그저 알록달록, 휘황찬란하게 꾸미면 되는 것은 아니다. 시각화에도 나름의 원리가 있다. 색감을 부여하는 컬러화, 텍스트보다 도해나 도표, 사진 등을 삽입하는 이미지화, 화면을 구성하고 배치하는 레이아웃화, 슬라이드에 입체적 효과를 주는 멀티미디어화가 그것이다. 이 네 가지 원리를 효과적으로 사용하면 최상의 프레젠테이션을 이끌어낼 수 있다.

문장으로 이루어진 프레젠테이션 원고를 이미지로 표현하는 과정은 다음과 같은 3단계로 나눠 생각할 수 있다. 먼저 1단계는 문장으로 작성된 프레젠테이션 원고에서 핵심 내용을 이루는 키워드를 추출한다. 주로 텍스트와 표로 이루어진 원고에서 중요도가 높거나 강조하고 싶은 키워드를 추출하는 작업으로 프레젠테이션 원고의 핵심을 빠른 시간 안에 청중에게 전달할 수 있는 첫번째 단추이다.

2단계는 추출된 키워드에 알맞은 이미지 패턴을 적용하는 단계이다. 원고를 이미지로 만들 때 가장 기본적인 원칙이 있다면 숫자 정보는 그래프, 문자 정보는 차트로 만드는 것이다.

마지막 3단계는 선택한 도해 형태가 의도한 바를 제대로 표현하고 있는지 확인하면서 수정·보완하는 단계이다.

레이아웃의 기술자가 되라

레이아웃의 사전적 의미는 '페이지 배정, 판짜기, 얼개짓기'이다. 주로 책과 신문, 잡지 등의 종이 매체에서 제한된 공간에 문자, 그림, 기호, 사진 등을 효과적으로 배치하는 작업을 말한다. 프레젠테이션 슬라이드 역시 직사각형의 제한된 공간에 원고 내용을 도형과 그림, 사진 등을 이용해 적절히 배치해야 하므로 레이아웃은 효과적인 메시지 전달을 위해 필수적으로 고민해야 할 중요한 요소이다.

 레이아웃은 이론적으로는 물론, 경험에 따라서도 다양한 방법을 적용할 수 있다. 프레젠테이션 슬라이드의 레이아웃에서 가장 중요한 원칙은 청중이 슬라이드를 보았을 때 프레젠터가 전달하려는 내용을 얼마나 직관적이고 명쾌하게 이해될 수 있도록 배치했는가 여부이다. 레이아웃을 짤 때는 너무 모양새에만 얽매이지 말고 슬라이드 화면 전체의 밸런스가 맞는지 점검하는 게 중요하다. 슬라이드 한쪽으로 내용이 쏠리거나 산만하게 흩어져 둥둥 떠다닌다는 느낌이 들지 않도록 하고, 윗부분의 컨텐츠가 무거운 느낌을 주어서도 안 된다.

 점포에 새로 간판을 제작하여 내건다고 생각하면 슬라이드의 레이아웃이 제대로 되었는지 쉽게 확인할 수 있다. 간판이 잘 달렸는지 확인하려면 멀리 떨어져서 봐야 정확하게 알 수 있듯, 슬라이드도 완성한 후에는 조금 떨어져서 전체적인 균형과 조화를 맞추도록 한다. 그런 다음 시선의 흐름에 유의하여 레이아웃을 수정한다. 청중의 시선 흐름에 따라 레이아웃을 결정해야 자연스럽게 시선을 이끌어갈 수 있으며, 프레젠테이션을 진행하기도 수월해진다.

레이아웃의 구성은 추출된 키워드의 내용에 따라 그림의 형태로 풀어 적당한 패턴을 결정짓는 과정이다. 청중이 패턴의 모양만으로도 슬라이드에서 말하고자 하는 내용을 짐작할 수 있도록 구성하는 것이 키 포인트이다. 레이아웃은 되도록 심플하게 구성하는 것이 바람직하다. 전달하고자 하는 정보가 너무 많으면 프레젠터가 논리적으로 이야기를 전개하기 어렵고 청중들도 쉽게 이해하지 못한다. 좋은 슬라이드일수록 핵심 단어 위주로 텍스트를 제한하고, 빈 공간을 넉넉하게 비워둔 경우가 많다. 그래야 메시지가 청중의 머릿속에 오래 기억된다. 슬라이드는 프레젠테이션의 메시지를 뒷받침하는 하위 요소에 불과하다는 사실을 기억하기 바란다. 빈 공간은 오히려 핵심 단어들을 강조하는 효과가 있으므로 빈틈없이 공간을 채우려는 시도는 초보자가 저지르는 오류에 불과하다. 따라서 프레젠터의 시각 자료는 최대한 심플하게 작성하고 강조할 포인트를 도식화시켜 한눈에 들어오게 한다. 전달할 내용이 비교적 많다면 비슷한 내용끼리 분류하여 묶는 이른바 그루핑을 하는 것이 효율적으로 메시지를 전달하는 요령이다.

도형 커뮤니케이션의 장점

도해는 머릿속에 뒤엉켜 있던 자신의 생각이나 정보를 상대방이 한눈에 알아볼 수 있도록 그림이나 도표로 한 장에 나타내는 작업이다. 도해는 상대를 설득할 때, 사고를 넓히고 싶을 때, 기획서를 작성할 때,

프레젠테이션 자료를 준비할 때, 신문 기사나 사설 등의 내용을 간단하게 정리할 때 사용한다.

　프레젠테이션을 할 때 간략하고 일목요연하게 정리된 도해는 이해하기 쉽고 빠르게 의사를 전달할 수 있는 장점이 있다. 반면 도형은 자칫하면 독립적으로 작용할 수 있다. 따라서 서로 연관이 있는 것은 원과 화살표 등의 기호를 이용하여 상관관계를 설명하는 것이 필요하다. 다음은 눈으로 설득하는 기술, 도해의 장점을 열거한 것이다.

❶ 전달력이 높다

1980년대 구조 조정을 단행할 당시 잭 웰치는 주요 사업군을 세 개의 원으로 표시했다. 첫번째 원은 핵심 제조 사업, 두번째 원은 미래에 높은 수익률을 기대할 수 있는 하이테크 사업, 세번째 원은 비교적 적은 투자로 높은 수익을 얻을 수 있는 서비스 부문이었다. 잭 웰치는 이 세 개의 원에 포함되지 않은 사업은 과감히 처분했다. 누가 보아도 쉽게 알 수 있는 도해이다.

❷ 큰 흐름을 파악할 수 있다

도형이란 긴 서술의 형태가 아니라 압축된 이미지의 형태이다. 따라서 한눈에 모든 것이 들어오게 되어 있다. 나무 대신 숲을 보고 키워드를 찾는 셈이다.

❸ **사고력이 증진되고 실수의 가능성이 줄어든다**

일본 세콤의 창업자는 항상 도형을 그리면서 생각을 정리했다고 한다. 도형으로 개념을 정리해 놓으면 전체 범위를 벗어나는 일이 없다. 만약 글로 정리되어 있다면 옆길로 새기 십상이다.

20 한 장에 하나의 포인트만 담아라

윈스턴 처칠은 한 문장으로 표현할 수 없는 프레젠테이션은 프레젠테이션이 아니라고 했다. 그는 프레젠테이션을 한 편의 시에 비유했는데, 화법이나 표현 방식에 따라 청중에게 전해지는 프레젠테이션의 이미지는 달라지며 경우에 따라 감동까지 전달할 수 있다고 보았다.

간결하고 임팩트가 강한 문장이 청중을 사로잡는다. 간결할수록 효과적이다. 대표적인 예가 바로 명언이나 속담이다. 우리는 이 짧은 구절에서 삶을 살아가는 데 필요한 지혜와 교훈을 체득한다. 전하고자 하는 말에 구구절절이 필요치 않은 말을 늘어놓음으로써 청중을 지루하게 할 필요는 없다.

한 마디의 위력을 믿어라! 어떤 발표든 먼저 한 문장으로 목표를 기술하는 것으로부터 시작하라. 스티브 잡스 또한 슬라이드에는 키포인트 위주로 한 장의 슬라이드에는 오직 한 장의 이미지, 한 단어, 한 문장만 다룬다는 사실을 기억하기 바란다.

키워드가 담긴 한 문장에 승부를 걸어라

단순한 텍스트로 설명하는 것보다 키워드의 개념을 담아 간결하고 시적인 문장으로 표현한다면 슬라이드의 주요 내용을 쉽게 전달할 수 있다. 프레젠터가 아무리 많은 내용을 전달해도 청중의 기억에 남는 것은 딱 '한 문장' 뿐이다. 따라서 전달하려는 핵심 주제를 한 문장으로 정의할 수 없다면 모든 것이 허사다. 이것은 프레젠테이션 전체에도 해당되고 각 챕터나 섹션 단위에도 적용되는 말이다. 핵심 문장은 다음과 같은 조건을 충족시켜야 한다.

① 분명한 목표를 담는다.
② 직접적인 문장으로 표현한다.
③ 달성 가능한 내용을 담는다.

마찬가지 이유로 슬라이드 한 장에는 하나의 메시지만 담아야 포인트를 부각시킬 수 있다. 파워포인트의 용도는 프레젠터가 전하려고 하는 바를 좀 더 수월하게 진행하도록 돕는 보조물에 불과하다. 파워포인트를 멋지게 화려하게 만드는 것보다 단순해도 포인트를 살리는 게 더욱 중요하다. 많은 이야기를 전하고자 슬라이드 한 장에 중요한 메시지를 일사분란하게 나열하면 집중력을 흩뜨릴 수 있다. 한 마리 더 잡으려는 욕심 때문에 두 마리 토끼를 놓치는 어리석음을 저지르지 말자.

메시지는 개념일 수도 있고, 도표일 수도 있고, 그림일 수도 있다. 가장 적절한 구성은 그림이나 도표 하나에 몇 줄의 글을 첨가해 비주얼과 텍스트가 균형을 이룬 형태이다. 자세한 내용까지 슬라이드에 담을 필요는 없으므로 이런 것이 있다면 따로 메모해 두는 것이 낫다.

어쩔 수 없이 하나의 슬라이드에 여러 개의 메시지를 담을 때에는 한 장의 슬라이드에 전체 메시지를 보여준 다음, 각 메시지를 하나씩 별개의 장으로 구분해서 다시 따로 보여주는 것이 좋다. 한 장의 슬라이드에 여러 개의 메시지가 들어가는 경우는 서로 다른 개념을 비교할 때, 변화하는 과정을 보여줄 때 등으로 한정한다.

슬라이드를 보여주는 3가지 기술

작성한 시각 자료를 청중에게 보여줄 때는 세 가지 원칙을 지키는 것이 불필요한 방해를 받지 않고 프레젠테이션을 원활하게 진행할 수 있는 비결이다.

첫째, 보여주고 싶을 때만 보여준다. 슬라이드 내용을 설명하고 보충설명이 필요하거나 판서가 요구될 때는 현재의 슬라이드를 가리고 해야 한다. 그렇지 않으면 듣는 사람은 미련이 남아 흘끔흘끔 슬라이드 내용과 판서 내용을 보게 되어 건성으로 듣기 때문이다.

둘째, 보여주고 싶은 내용만 보여준다. 비주얼 자료 작성에는 일원일사 一圓一事의 원칙이 있다. 한 장의 슬라이드에는 하나의 사건 또는 내용만 다루어야 한다는 것이다. 만일 한 장의 스라이드에 두 가지 이상의 그래프나 차트를 보여준다면 프리젠터가 한쪽의 그래프나 차트를 설명할 때 다른 쪽에 관심을 갖게 될 수 있기 때문이다.

셋째, 한 박자 뒤에 보여준다. 스티브 잡스는 항상 슬라이드보다 설명이 앞서 나간다. 그는 일반적인 프레젠터들처럼 슬라이드를 보면서 '읽어나가는 방식'이 아니라 항상 슬라이드가 그를 따라오도록 프레젠테이션을 진행한다. 그리고 대부분의 내용은 이야기를 통해 전달한다. 먼저 핵심 내용을 설명하고 나서 한 박자 늦게 슬라이드를 보여주면 청중의 주의를 끌 수 있다.

깨지지 않는 슬라이드 디자인 원칙

슬라이드를 디자인할 때는 몇 가지 고려할 원칙이 있다. 먼저 슬라이드의 디자인 컨셉트는 프레젠테이션 상황과 청중, 목적에 부합하는 적절한 것이어야 한다.

두번째로 슬라이드는 메시지를 전달하기 위한 수단이므로 전하고자 하는 메시지의 논지를 명확히 담아야 한다. 이를 위해 한 장의 슬라이드에 한 가지 핵심 메시지만을 담도록 한다.

세번째는 모든 슬라이드에 담기는 디자인 요소들이 일관성을 지녀야 한다. 슬라이드 배경의 기본 디자인이나 레이아웃은 물론, 폰트 타입도 굴림체 등 몇 가지로 통일해 사용하도록 한다.

마지막으로 시청각 도구를 통해 메시지를 효과적으로 전달하기 위해서 강력한 단어, 자극적인 그림, 인상적인 그래프, 환상적 테크놀로지를 활용해 프레젠테이션을 역동적으로 만들 필요가 있다.

메시지가 그래프 유형을 결정한다

그래프는 수량의 크기를 비교하거나 수량의 변화를 알기 쉽도록 데이터를 도형으로 나타낸 것이다. 그래프의 가장 큰 특징은 한눈에 내용을 쉽게 파악할 수 있다는 점이다. 각 데이터를 비교하기 용이하므로 데이터의 변화 추세나 상관관계를 쉽게 파악하고 구체적인 판단을 내릴 수 있다.

그래프를 작성할 때에는 목적에 부합하고 청중이 알기 쉬운 그래프를 선정한다. 우선 그래프의 작성 목적을 명확히 한 다음, 목적에 맞는 핵심 포인트를 정하면 가장 적절한 그래프로 그것을 표현한다.

흔히 볼 수 있는 그래프의 종류에는 막대그래프, 꺾은선그래프, 원그래프, 띠그래프, 레이더차트 등이 있는데, 각각의 용도에 맞게 사용하면 된다. 예를 들어 막대그래프는 양을 표시하고 비교하는 데 편리하다. 시간 변화에 따른 양의 변화를 보여주려면 꺾은선그래프가 적합하며, 다른 그래프로는 그것을 그려내기 힘들다. 원그래프는 각 부분들의 비율을 비교하는 데 적합하다. 또 띠그래프는 시간 변화에 따른 구성 비율의 변화를 나타내는 데 어울리고, 레이더차트는 평가 항목이 여러 개일 때 원 위에 점을 찍어 연결해 나타낸다.

문장은 간결해야 좋듯 그래프도 마찬가지다. 일부러 복잡하고 알기 힘든 그래프로 만들 이유는 없다. 편안하게 제시하기만 해도 상대가 이해할 수 있으려면 단순하고 명료한 그래프로 작성하는 것이 최선이다.

숫자가 노래를 부르게 하라

슬라이드에 숫자만 빼곡히 보여준다면 청중은 그걸 읽고 해석하느라 머리가 빙빙 돌지도 모른다. 숫자가 많이 나열되면 말하는 프레젠터나 듣는 청중 모두에게 피곤한 일이 될 수 있다.

그보다 더 심각한 것은 프레젠터와 청중 간의 의사전달이 잘못될 수 있다는 사실이다. 예를 들어 숫자만으로 채워진 슬라이드를 보면서 그 결과가 긍정인지 부정인지를 한눈에 판단하기는 어렵다. 그런데 그래프를 이용하면 이런 오류를 방지할 수 있다. 예를 들어 오른쪽 위로 상승하는 그래프는 긍정적인 결과를, 아래로 하강하는 그래프는 부정적인 결과를 의미한다는 것을 누구나 쉽게 알 수 있다.

수치가 많이 나오는 슬라이드일수록 차트나 그래프로 숫자를 변환하여 보여주는 것이 의사소통을 하는 데 훨씬 유리하다. 청중이 얻고자 하는 것은 수많은 숫자가 나열된 슬라이드가 아니라, 한눈에 들어오는 추세나 경향을 비교하여 이해하는 것이다. 이를 위해서는 목적에 맞는 그래프를 선택하는 것이 매우 중요하다. 다음 예문을 읽고 어떤

| 그림 25 | 비교 유형의 다섯 가지 고려사항

구성 (Share)	항목 (Rank)	시간추이 (Trend)	도수분포 (Distribution)	상관성 (Relationship)
• 점유율 • X퍼센트(%) • 전체비율	• 크다. • 작다, 같다. • 가장 크다. • 가장 작다.(순위)	• 변화 • 성장 • 증가/감소 • 변동	• 집중 • 경향 (Pattern) • 빈도 • 분포	• 관계가 있다. • 함께 증가한다. • 함께 감소한다. • ~따라 변한다.

그래프를 사용하는 것이 적합할지 생각해 보자.

① 직장인이 자기계발에 투자하는 시간은 하루 평균 약 14% 미만이다.
② 우리나라 정보 유출 사건은 6월과 8월 사이에 가장 많이 발생한다.
③ 지난 5년간 투자에 따른 수익률은 꾸준히 증가하는 추세다.
④ H자동차 영업사원의 영업능력은 학력과 무관하다.
⑤ L전자 5월 매출실적 결과, 제품 A의 판매는 B와 C의 판매를 능가했다.

위의 사례에 적합한 그래프 유형은 각각 원그래프, 도수분포표, 꺾

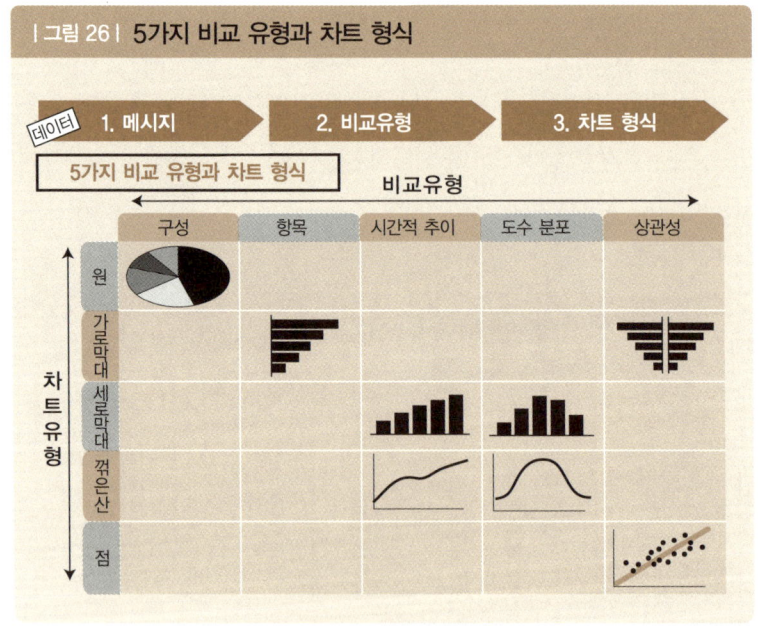

| 그림 26 | 5가지 비교 유형과 차트 형식

은선그래프, 상관관계, 막대그래프이다. 수많은 그래프 중에서 적합한 그래프를 결정하려면 '숫자 데이터 → 메시지 추출 → 비교 유형 결정 → 그래프 유형(차트 형식) 결정'의 순서를 따른다. 즉, 먼저 숫자 데이터에서 전달하고자 하는 메시지를 추출하고, 메시지에 맞는 비교 유형을 결정한 다음 그래프 종류를 결정하면 된다.

비교 유형은 메시지를 그래프 형식으로 연결시키는 다리 역할을 한다. 메시지에 적합한 그래프를 결정하기 위해 고려할 비교 유형에는 다섯 가지가 있다. 메시지가 무엇이든, 강조하는 요점이 무엇이든 이 다섯 가지 기본적인 비교 유형에 포함된다고 보면 된다.

21 잊지 못할 감동의 컬러를 선택하라

색깔은 요즘 비즈니스에서 가장 중요한 요소 중의 하나가 되었다. 색채 심리학이 상품의 제작과 판매에 도입되어 색깔이 소비자의 구매 활동에 미치는 영향을 기본으로 하는 상품 판매 전략이 새롭게 나타난 것이다.

바야흐로 지금은 '감성세대'가 지배하는 컬러 세상이다. 컬러의 힘이 기업과 제품의 이미지를 창출하는 것은 물론, 컬러 마케팅에 눈을 뜬 개인들도 점점 늘고 있다. 컬러가 사업의 성패를 좌우한다고 해도 과언이 아닐 정도가 된 것이다.

컬러의 힘이 이처럼 강력해진 이유는 컬러가 언어보다 빠른 메시지 전달력을 갖고 있기 때문이다. 따라서 프레젠테이션 기획서를 작성할 때도 적절한 컬러 전략을 구사하는 일은 매우 중요하다.

색상의 특성을 이용한 자료 작성법

색상은 인간의 언어적 의미를 담고 있다. 가령 흰색은 순결을, 검은색은 신비함이나 슬픔을 상징한다. 또 붉은색은 열정과 용기, 파란색은 냉정과 정의를 의미한다. 또 색상은 명시성, 주목성, 온도감, 중량감, 운동감 등의 지각현상을 내포하고 있어 자신을 대변하는 스타일을 표현하는 데 이용할 수 있다. 색채 전문가들의 이론에 따르면 사람들이 좋아하는 색깔의 유형을 설정하여 분류할 수 있다고 한다.

❶ 전진형 색채 캐릭터

색에 대해 민감하고 화려한 색상을 좋아하여 새로운 색상의 제품에 대한 구매도가 높다. 변화를 좋아하고 의욕이 넘치는 성격이다. 대체로 유행의 흐름에 빠르게 적응하며 젊은층, 여성, 부유층들이 많다.

❷ 신중형 색채 캐릭터

색의 선택에 신중하고 유행에는 관심이 없으며, 색의 조화를 우선 고려한다. 구매력이 강하지 않은 중산층이 많다.

❸ 충성형 색채 캐릭터

좋아하는 색깔이 정해져 있으며, 웬만해선 바꾸려고 하지 않는다. 좋아하는 색상의 재품에 대한 구매도가 높다. 중년층에 많으며 수입도 중간층이다.

| 그림 27 | 각 색상의 언어적 의미

　　색채 캐릭터는 프레젠테이션 자료 제작 시 청중의 취향에 맞출 수 있는 좋은 자료가 된다. 캐릭터 분류 외에도 각 색상이 가지고 있는 이미지가 다르기 때문에 색을 사용하는 데에는 여러 가지 고려사항이 나올 수 있다.

　　자료 발표의 효과를 극대화하기 위해 색채를 사용해야겠지만 너무 많이 사용하는 것은 좋지 않다. 대개는 두세 가지 정도의 색에 명도와 채도로 다양한 효과를 만들어내는 것이 좋다.

　　초보자들이 가장 많이 저지르는 실수는 색깔을 너무 여러 가지 사용한다는 점이다. 종류가 많아지면 색상의 조화를 맞추기가 쉽지 않다. 색을 쓸 때에는 중심이 되는 색상을 정해 주로 사용면서 중심색과 조화되는 색상을 보조로 사용한다. 중심색은 시각 자료에 전체적인 통일성을 준다. 강조를 해야 할 부분에는 대비되는 색을 쓰는 것이 좋다.

전체적인 색감이 유치해질 수 있으므로 원색은 피하는 것이 좋다.

색의 조화와 변화를 이끌어낼 수 있는 좋은 방법은 이론적인 공부보다는 평소에 사례를 많이 익혀두는 것이다. 그러나 색채 심리학적인 측면과 청중의 문화적 성향이 고려되어야 한다. 주제와 걸맞은 색을 쓰되, 청중이 부담이나 거부감을 느끼지 않는 색이어야 한다.

예쁜 색이라고 해서 다 좋은 것은 아니다. 색의 심리적인 면을 고려하여 주제와 맞아야 한다. 청중의 나이나 성별에 따라서도 선호하는 색깔이 다르다. 프레젠테이션 장소, 계절, 시간 등의 요소도 색에 대한 느낌에 영향을 준다. 만약에 청중이 속한 기업에서 즐겨 쓰는 색상이 있다면 당연히 그 색을 써야 한다. 색의 사용도 철저히 청중 중심으로 가야 한다.

22 느낌으로 확인하고 재구성하라

언뜻 생각하기에 아는 것과 보는 것 사이에는 큰 상관이 없을 것처럼 보인다. 그러나 모르면 보이지 않을뿐더러 아무런 의미도 부여할 수 없는 법이다. 알면 알수록 인지하는 것이 많아지고, 인지하면 할수록 더 많은 것을 선택할 수 있다. 또 지각하는 것이 많을수록 더 많이 기억하고 더 많이 배우게 된다.

'보이는 만큼 믿는다' 라는 말이 있다. 청중에게 있는 그대로를 보여주는 것 이상 확실한 것은 없다. 때로는 실물을 보여주거나 손으로 직접 만져보게 함으로써 이해도를 높이고 강한 설득의 효과를 얻을 수 있다.

보이는 만큼 믿는다

인도 출신의 유명한 교육학자인 쌩파스 교수는 인간이 외부의 정보를 받아들이고 학습하는 데 자신의 오감을 어떻게 사용하는가에 대한 논문을 썼다. 그에 따르면 외부에서 들어오는 정보의 83%가 눈을 통해 들어오고 11%가 귀를 통해 들어온다고 한다. 그리고 나머지 후각, 촉각, 미각이 차지하는 비중은 아주 미미하다는 것이 그의 연구 결과이다.

다시 말해 프레젠터의 스피치를 보조하는 시각적인 볼거리가 제공되지 않는다면 이야기의 10% 정도만 전달된다는 결론에 도달한다. 게다가 시각적인 자료가 뒷받침되지 않으면 전달한 정보를 기억하는 정도 역시 현저히 떨어질 게 자명하다. 그러므로 청중의 기억에 남는 프레젠테이션이 되려면 다음의 조건을 충족해야 한다. 시각 자료를 만들 때 이 조건들을 고려하면 실전에서 효과를 볼 수 있을 것이다.

① 이해하기 쉬워야 한다.
② 한눈에 쏙 들어올 만큼 간략히 구성한다.
③ 설득력과 전달력이 높아야 한다.
④ 시각 효과의 장점을 극대화한다.
⑤ 결론이 명확하고 감동이 있어야 한다.

시각 자료의 효과를 높이는 6단계 프로세스

H자동차 AS기사 교육 때의 일이다. 강의 이론을 설명하고 이론에 따

라 발표 자료를 만드는 실습 시간에 한 교육생이 잠깐 나갔다 오겠다고 요청을 해서 강사의 권한으로 허락한 적이 있었다.

 잠시 후 교육장으로 들어오는 교육생을 보고 강사인 나와 그의 동료들은 깜짝 놀랐다. 그 교육생은 진짜 자동차 엔진을 들고 온 것이다. 결국 그날 프레젠테이션은 실제 작동되는 자동차 엔진 소리와 가솔린 냄새를 듣고 맡으면서 진행되었다. 다소 황당한 상황일지 모르지만 덕분에 아주 생동감 넘치는 프레젠테이션을 이어갈 수 있었다. 때로는 프레젠테이션에서 모형을 사용하여 '모의 실연'을 보여주거나 실물을 실제로 조작해 보는 것이 극적인 효과를 낳기도 한다.

 모든 프레젠테이션을 실물 위주로 진행할 수는 없지만, 그에 준하는 효과를 얻기 위해선 시각 자료를 잘 활용하는 것이 중요하다. 우선 디지털 매체를 이용해 시각 자료를 작성한 후 다음의 6단계를 유념하여 프레젠테이션을 진행한다.

① 보여줄 슬라이드 내용을 예고한다.
② 슬라이드 내용을 보여준다.
③ 슬라이드의 목적을 설명한다.
④ 슬라이드 보는 방법을 설명한다.
⑤ 내용을 자세하게 설명한다.
⑥ 보충 설명을 할 경우 슬라이드를 감춘다.

 시각 자료의 효과를 극대화하기 위해선 시각 자료를 설명하는 6단계 요령을 충분히 연습하는 것이 좋다. 갑자기 슬라이드를 보여주면서 '이 그래프의 의미가 무엇이고, 문제점은 어떤 것이 있는가?' 하고 묻는다면 청중은 제대로 반응하기 어려울 것이다.

무슨 일이든 갑자기 '들이대면' 좋지 않다. "이제부터 2006년과 2007년 영업실적을 차트를 통해 설명하겠습니다"라고 사전에 청중에게 예고해야 청중은 기대감과 호기심으로 내용에 관심을 갖게 된다. 그리고 슬라이드를 보여주면서 목적을 짧게 설명하면 청중은 몰입 단계로 빠져들게 된다. 그런 다음 시선 처리의 원리에 따라 '좌에서 우로, 위에서 아래' 순으로 슬라이드 보는 방법을 설명한다. "2006년과 2007년 지역별 영업실적 그래프입니다. 세로 축은 영업실적을 천만 단위로 표시한 것이고 가로축은……"라고 보는 방법을 설명하고 나서 세부 내용을 자세히 설명하면 되는 것이다. 판서나 질의응답이 필요한 경우 슬라이드 내용을 감추어야 주위가 산만해지지 않는다.

STEP 5 발표

감성으로 교감하고 소통하라

프레젠터의 효과적인 전달 기술은 프레젠테이션의 대미를 장식하는 꽃이다. 프레젠터에 대한 첫인상은 프레젠테이션의 분위기와 신뢰도를 결정한다. 손동작 하나, 말투 하나가 발표자의 인상에 나쁜 영향을 미칠 수 있는 만큼 평소 연습을 통해 효과적인 전달 기술을 몸에 익혀두어야 한다. 발표자의 능력은 실전에서 성공 여부를 가늠하는 가장 중요한 요소이다.
감성으로 교감하고 청중과 소통을 꾀하라.

당신의 생각을 설득하려 하지 마라

마음이 통하는 언어를 구사하라

눈으로 경청하고 청중과 대화하라

상황에 따라 제스처 크기를 달리하라

성실한 예행연습이 성공을 보장한다

PT에서 반드시 알아야 할 발표의 기술 10가지

Presentation
1막 5장

23 당신의 생각을
설득하려 하지 마라

프레젠테이션을 준비하는 과정에서는 청중 분석, 목적 분석, 장소 분석과 함께 자료 준비를 얼마나 충실히 하느냐가 중요한 요소였다. 그러나 실제 프레젠테이션이 시작되면 발표 내용과 프레젠터의 기술이 가장 중요한 요소가 된다.

발표 내용은 이미 준비되어 있으므로 그다지 변수가 되지 못한다. 그러나 발표자의 능력은 실전에서 성공 여부를 가늠하는 가장 중요한 요소이다. 전달 기술은 오랜 연습과 경험이 쌓여야 몸에 밸 정도로 익숙해진다. 처음에는 생각보다 쉽지 않겠지만 하나하나 정복해 가면 언젠가는 완성된 프레젠터가 될 수 있다.

두려움을 물리치면 절반은 성공이다

프레젠터의 가장 큰 적은 두려움이다. 경험이 많은 프레젠터라고 해도 리허설처럼 부담 없이 각본대로 모든 것을 해나갈 수는 없다. 오직 자신감이 있기 때문에 현장에서 돌발 변수가 발생하더라도 그때그때 대처해 나갈 수 있는 것이다. 하지만 초보 프레젠터들은 모든 각본을 머릿속에 넣어두고 그것에 너무 집착하는 바람에 변수가 발생하면 더 큰 실수를 저지르곤 한다. 가장 큰 두려움은 실수에 대한 걱정이다.

"중간에 말이 막히면 어쩌지?"

"청중들이 이상한 반응을 보일 때는 어떻게 하지?"

이런 걱정들을 미리 한다고 해서 문제가 해결되는 것은 아니다. 그럼에도 불구하고 이런저런 경우를 상상하면서 걱정이 앞서는 것은 자신감이 없기 때문이다. 이런 경우 '뭐, 한두 번 실수할 수도 있지'라는 정도로 자신을 안심시켜 두는 것이 차라리 낫다. 걱정이 들수록 더욱 열심히 연습하는 수밖에 없다. 연습을 많이 하고 경험이 쌓이면 점점 두려움이 사라질 것이다.

효과적인 전달 기술을 익혀라

마음을 다스리는 데 자신이 있다고 해도 기본적인 능력을 갖추지 못하면 시작 단계에서부터 프레젠테이션을 망치기 쉽다. 프레젠테이션에서 자신의 능력을 최대한 발휘하기 위해서는 적어도 다음과 같은 요소들을 갖춰야 한다.

① 자료와 발표 내용에 대한 이해
② 프레젠테이션의 목적에 대한 이해
③ 청중의 성향 분석 결과의 이해
④ 장소의 장단점과 문제에 대한 이해
⑤ 실전과 비슷한 예행연습의 반복
⑥ 전달 기술의 숙련도와 실전 경험
⑦ 돌발 상황에 대한 대처 능력

이 중에서 프레젠테이션 현장에서 가장 중요한 것은 역시 전달 기술이다. 다른 부분은 철저한 준비로 대처할 수 있지만 전달 기술은 단기간에 갖춰지는 것이 아니다. 그러므로 프레젠테이션을 성공적으로 이끌기 위해서는 평소 자신에게 맞는 전달 기술과 기법을 개발하고, 연습을 통해 이를 몸에 배도록 충분히 익혀두어야 한다. 단순히 이론을 숙지하는 정도로는 부족하므로 많은 연습과 훈련이 필요하다. 가령 손동작 하나를 정리된 제스처로 몸에 자연스럽게 익히는 것만 해도 생각만큼 간단한 일은 아니다. 다음의 요령을 따라 꾸준히 연습하자.

① 한 번에 한 가지 기술만 연습하여 익힌다.
② 몸에 익어 자연스럽게 나올 때까지 충분히 연습한다.
③ 새 기술을 익히면 이미 익힌 기술과 연결해 본다.

초반 2분이 성패의 99%를 결정한다

첫인상이 매우 중요하다는 사실을 모르는 사람은 없지만, 프레젠테이션에서 처음 2분이야말로 프레젠터에게는 매우 중요한 시간이다. 이 짧은 시간 동안 청중은 프레젠터가 신뢰할 만한지, 앞으로 계속해서 이야기에 귀 기울일 만한 가치가 있는지를 감지하기 때문이다. 프레젠테이션에서는 프레젠터의 첫 마디, 그가 보여주는 첫 화면에 따라 전체의 흐름이 달라질 수도 있다.

초반의 분위기를 장악하려면 가능한 빨리 긴장과 어색함의 벽을 허무는 것이 중요하다. 우선 청중의 무관심을 관심으로 전환하는 것이 급선무다. 이는 청중의 가슴 속에 있는 감성을 자극하기 위해 일종의 점화를 하는 과정이다.

미국의 사회심리학자 고든 앨포트 Gordon Allport는 대인 지각 이론에서 사람을 처음 만났을 때 맨 처음 30초 동안 그 상대의 성격이나 신뢰도, 성실성 등을 일정 부분까지 측정할 수 있다고 했다. 이 이론에 따르면 적어도 30초 안에 어색한 분위기만큼은 깨고 들어가는 것이 좋다.

초반 2분을 성공적으로 보내기 위해서는 프레젠터가 동원할 수 있는 모든 기술을 적극 활용할 필요가 있다. 우선 프리 오프닝을 활용하여 프레젠터와 공감대를 확보하거나 아이스 브레이크를 통해 청중과의 간격을 좁히려는 노력이 필요하다. 앞으로 말하고자 하는 요지를 사례를 들어 설명하되, 청중의 생활문화와 밀접한 것 중에서 골라 제시하는 것도 좋은 방법이다.

그런 다음 질문 던지기, 프랍 & 스토리텔링 활용하기, 놀라게 만들기, 호기심 유발하기, 결론부터 꺼내기 등의 기법을 활용하여 깜짝 놀랄 만한 오프닝 핫 버튼을 만들어보자.

▶▶ **서론 단계에서 주위를 환기시키는 기술**
① 흥미 있는 이야기나 삽화로 시작한다.
② 장소나 사건을 언급한다.
③ 짧고 적합한 인용을 하면서 시작한다.
④ 호기심을 유발한다.
⑤ 놀랍고 드라마틱한 사실들을 이야기한다.
⑥ 재미있는 일화를 이용하되 여러 가지 반응에 대한 대비를 한다.
⑦ 참가 고객이 특별히 흥미를 가지고 있는 것을 언급한다.
⑧ 최근의 사건이나 앞의 연사에 대해서 언급한다.
⑨ 개인적인 경험을 이용한다.
⑩ 비슷한 것을 이용한다.

나를 믿게 하는 프롤로그

프레젠테이션을 막 시작할 때는 숙련된 프레젠터도 어려움을 겪기 십상이다. 프롤로그는 프레젠테이션 초기의 부담감을 해소하고 자연스럽게 청중의 시선을 집중시키는 기법이다. 부담감과 어색함을 깨고 기분 좋게 프레젠테이션을 시작하기 위한 프롤로그의 원칙 몇 가지를 소개한다.

첫째, 처음 10초 안에 청중의 마음을 사로잡는다. 연설가로 명성이 자자한 엘머 휠러는 시작의 중요성을 이렇게 강조한다.

"처음 10초 안에 청중을 사로잡아라. 이때를 놓치면 10분을 투자해도 만회하기 어렵다. 시작의 10초는 그 이후의 10분과 같다."

프레젠테이션에서 첫인상이 얼마나 중요한지 다시 한번 강조하는 말이다.

둘째, 마지막보다 첫 이미지가 더 중요하다는 것을 명심한다. 청중은 프레젠터의 첫 이미지와 마지막 이미지를 가장 잘 기억한다고 한다. 이 중에서 더 중요한 것은 바로 첫 이미지다. 프레젠테이션 장소에 들어가기 전 걸어가는 태도에서부터 청중에 대한 인사, 인사말 등 행동 하나하나가 프레젠터의 첫 이미지를 결정짓는다. 스타트를 잘 끊는다면 청중은 프레젠터에게 우호적인 신호를 보낼 것이다. 청중을 내 편으로 만든다면 그 프레젠테이션의 절반은 성공을 보장받은 것이나 마찬가지다. 진행하고자 하는 내용도 중요하지만, 청중은 프레젠터의 첫 이미지만 보고도 발표 내용에 많은 선입견을 갖는다는 점을 명심하라.

셋째, 명작이라는 느낌을 1분 이내에 심어준다. 스티브 잡스는 프레젠테이션 초반 1분 이내에 특유의 오프닝 기법을 사용한다. 자신의 프레젠테이션이 수준 높고 유용하다는 자신감을 명쾌한 유머로 풀어내는 것이다. 덕분에 프레젠테이션은 밝고 우호적인 분위기 속에서 시작된다.

넷째, 공동 이익에 대해 확신에 찬 어조로 강조한다. 공동의 관심사는 프레젠터와 청중을 묶는 확실한 끈이다. 공동의 관심사에 대한 설명에서 얻을 수 있는 것들이 무엇인지 설명한 다음 요점이 되는 항목을 소개한다.

프레젠테이션에서 초반 기선 제압은 매우 중요하다. 전체 프레젠테이션의 분위기를 결정하기 때문이다. 여기서 예를 든 기법은 그날의 청중, 주제, 상황에 따라 적절히 응용하면 된다.

▶▶ **오프닝 기법 활용법**

① 주제와 관련된 에피소드를 제시하는 것이 가장 무난하다. 모두 다 알고 있는 이야기보다 오히려 프레젠터의 개인 이야기가 청중과의 거리를 좁힐 수 있는 방법이다.
② 프레젠테이션에 참석한 청중 또는 해당 회사와 비슷한 다른 회사의 사례를 발굴하여 들려준다. 익숙한 일에 대한 다른 사례를 비교하여 들려주면 자기가 알고 있는 분야이기 때문에 금방 관심을 집중하게 된다.
③ 유명인의 말이나 잘 알려진 이야기 또는 연설문 등에서 주제와 관련된 구절을 찾아 인용한다. 이런 내용들은 이미 사회적인 공감을 얻은 내용들이기 때문에 쉽게 정서적 동의를 얻어낼 수 있다.
④ 가벼운 질문으로 시작한다. 질문으로 프레젠테이션을 시작하면 청중을 긴장시켜 일시에 관심을 끌 수 있다. 단, 심각한 질문은 삼간다.
⑤ 강력한 비주얼로 시선을 모은다. 말을 시작하기 전에 화면을 통해 인상적인 그림이나 사진을 보여준 다음 말을 꺼낸다.

프레젠테이션 시작은 'INTRO'로 하라

프레젠테이션 기획이 끝나고 발표를 준비하는 단계에서는 시작을 어떻게 하면 좋을지 걱정하게 된다. 누구나 짧은 시간 동안 손쉽게 준비하여 최대의 효과를 볼 수 있는 'INTOR' 방법을 소개한다.

- I   Ignite : 개시
- N   Need : 필요성 설명
- T   Title : 제목 설명
- R   Range : 살펴볼 분야 말하기
- O   Objective : 목적 정리하기

- IGNITE | "제가 여러분에게 오늘 하는 연설을 마칠 때쯤이면 교통사고로 서른 명의 어린이들이 사망하거나 심각하게 다칠 것입니다."

- NEED | "이 심각한 통계 수치는 법만 바꾼다면 현저하게 줄어들 수 있습니다. 또한 이 변화는 여기 참석한 모든 부모님들이 원하는 일일 겁니다."

- TITLE | "따라서 오늘 아침 저는 도로 안전과 법규에 대해 이야기하겠습니다."

- RANGE | "저는 한 시간 반 동안 이에 대해 다루고자 합니다. 일단 계몽과 교육 그리고 경찰의 책임에 대해 이야기를 한 뒤, 덴마크에서 입수한 영상 자료를 보여드리겠습니다. 그 후에 질문을 받는 시간을 갖도록 하겠습니다."

- OBJECTIVE | "저는 이 시점에서 바뀌어야 하는 법령이 여전히 시행되고 있는 현실에 우려를 표합니다. 아울러 마지막에 여러분이 정부에 압력을 가하는 캠페인에 동참하게 될 것이라고 확신합니다."

이런 구조의 인트로는 대단히 신선하고 인상적이다. 아주 간단한 연습만으로 청중의 관심을 끌고, 자신의 생각을 전개해 나가는 데 도움을 얻을 수 있다. 또 청중이 얻는 것은 무엇인지 명확하게 해준다. 고전적인 방식의 도입부와 비교해 보면 이런 차이는 좀 더 명확하게 느껴진다.

"안녕하십니까? 저는 00사의 컴퓨터 범죄 전문가 이 아무개입니다. 오늘 여러분을 뵙게 되어 반갑습니다. 그러면 지금부터 최근 자주 발생하는 컴퓨터 범죄와 예방책에 대해 프레젠테이션을 시작하겠습니다……."

이런 상투적인 방식은 되도록 피하는 것이 좋다. 벌써 하품소리가 들리지 않는가? 예를 들어 스티브 잡스의 오프닝은 거두절미하고 들어간다.

"오늘 아침 저는 여러분에게 보여드릴 놀라운 물건을 준비했습니다. 고전 명작을 보면 모두 3막으로 구성되어 있죠? 그래서 저도 프레젠테이션을 3막으로 구성했습니다. 뭐부터 보여드릴까요? 자, 제 1막입니다……."

얼핏 보면 즉흥적인 것 같지만 실은 완벽한 대본이다. 호기심을 불러일으키는 것은 물론, 단순 명쾌하고 자연스러운 대화체이다. 화면으로 보면 그의 태도 역시 아주 여유만만하고 자연스럽다. 이 정도면 청중이 처음부터 끌려들어가지 않을 수 없다. 게다가 은연중에 자신의 프레젠테이션을 명작과 비교하는 재치와 애교까지 부린다. 인트로는 이렇게 에피소드나 비유를 동원하는 것이 효과적이다. 유명인의 말을 인용하는 것도 좋다. 아니면 강렬한 비주얼 화면으로 충격을 주는 것도 한 방법이다. 가장 부담 없는 방법은 유머로 한바탕 웃겨주는 것이다.

이런 화제는 절대 거론하지 마라

단 한 사람의 청중이라도 적으로 만드는 프레젠터는 절대 프로가 아니다. 다음과 같은 내용을 화제로 삼아 프레젠테이션을 하는 경우 특정한 청중의 반감을 사게 된다.

❶ 종교론
종교는 개인의 양심에 속하는 문제다. 대부분의 종교인은 다른 종파, 교파에 대해서 배타적이다. 종교 문제는 특정 종교를 두둔하는 것 자체만으로 여타 종교인의 반발을 불러온다. 아예 거론치 않는 것이 좋다.

❷ 정치 이념
정치 이념 역시 개인의 양심에 따르는 영역이며, 회사나 집단의 이해와 관련되어 있는 경우가 많다. 프레젠터 자신의 정치적 이념이 개입되지 않도록 조심한다.

❸ 인종 문제
우리나라에서는 별로 문제될 게 없는 듯 보이지만, 지금은 글로벌 시대다. 인종과 관련된 언급은 설령 그것이 사실에 근거한 내용일지라도 언급하지 않는 것이 좋다.

❹ 개인의 신조
청중은 당신의 개인적인 신조에 대해서는 별로 관심이 없다. 개인적인 신조와 신념을 드러내는 것은 자신을 비논리적이고, 객관적이지 못하며, 비합리적인 인간으로 보이게 만들 수 있다.

❺ 직장 동료의 소문
어떤 종류든 소문은 말 그대로 '소문'일 뿐이다. 사실 관계가 확인되지 않은 소문을 프레젠테이션의 소재로 활용해서는 한 된다.

❻ 특정한 질병에 대한 이야기
병원 관계자들이나 제약 회사, 보건 정책에 관한 프레젠테이션이 아니라면 특정한 질병에 대하여 언급해서 좋을 일이 하나도 없다.

❼ 타인에 대한 험담
좋은 사실을 입증하기 위한 것일지라도 타인에 대한 험담은 그저 '험담'으로 전달될 뿐이며, 반드시 복수(?)를 당하게 된다.

목소리만으로 감정을 쥐락펴락 하라

목소리만으로 오랜 시간 동안 듣는 사람의 관심을 붙잡아 둘 수 있을까? 그렇다. 이것은 목소리만 있는 모노드라마가 의외로 관객을 몰입시키는 것과 같은 이치다. 외모에 비해 목소리가 형편없는 이성보다 비록 외모는 수수하지만 목소리가 매력적인 이성에게 더 호감을 느끼는 이유도 같은 맥락이다.

커뮤니케이션에는 많은 채널이 존재하는데, 그 중에서 정서적인 공감대를 끌어내는 데 가장 훌륭한 매개체가 바로 목소리다. 사람을 매료시키려면 상황에 따라 적절한 목소리를 낼 수 있어야 한다. 타고난 연설가였던 히틀러는 악센트가 강하고 톤이 높은 목소리로 군중을 선동했다. 이렇듯 청중을 설득하고 행동하게 하려면 듣는 이가 긴장하도록 톤을 높여 강하게 말해야 한다.

프레젠테이션에서 목소리는 인터뷰의 첫인상과 같은 무게를 지니고 있다. 분명하고 적절한 음량을 갖추기만 해도 또렷한 인상을 줄 수 있다. 프레젠테이션에서 주의해야 할 사항은 목소리의 고저와 속도, 멈춤, 명료한 발성이다. '음성'으로 나타낼 수 있는 구술 스킬은 주로 목소리와 관련된 항목으로 톤, 리듬, 음색, 속도, 어투 등이 있다. 음량 조절은 집중도를 조절하는 데 활용된다. 듣는 이의 관심을 집중시키고 싶다면 작고 낮은 목소리로 변화시킨다. 중요한 대목에서는 일부러 음성을 낮추고 말을 멈춘 후 시선을 한두 번 맞추면 더욱 효과적이다.

매력적인 한 마디로 큰 파장을 만들어라

자신이 원하는 대로 상황에 따라 목소리를 효과적으로 조절할 수 있는 사람은 사회적으로 성공한 사례가 많다. 미국의 32대 대통령 프랭클린 루스벨트를 비롯해 영국 총리를 지낸 윈스턴 처칠, 미국의 흑인 인권 운동가 마틴 루터 킹, 영화배우 그레고리 팩과 로렌스 올리비에가 대표적인 예이다.

이들의 공통점은 온화하면서도 때로는 강력한 효과를 낼 수 있는 목소리를 가졌다는 점이다. 타고난 목소리가 매력적인 사람이 아니더라도 실망하지 말자. 연습과 노력 여하에 따라 단점을 어느 정도 보완할 수 있다.

먼저 단어 선택에 신중할 필요가 있다. 공적인 자리에서는 유행어나 비속어 사용은 자제하고 표준어나 고급스런 단어를 사용하는 것이 좋다. 이는 말하는 습관과 깊은 관련이 있으므로 평소 대화할 때 사용하는 단어나 표현법에 주의를 기울이는 자세가 필요하다. 단, 영어 단어를 자주 사용하는 것은 바람직하지 않다. 영어 표현에 익숙하지 않은 청중은 무슨 말인지 이해하지 못할 수 있기 때문이다.

또 같은 말을 하더라도 되도록 긍정적인 표현을 사용하는 습관을 들인다. 그래야 발전적이고 긍정적인 인상을 준다. 가능한 것과 명확한 것에 초점을 맞추어 이야기하고 나쁜 것과 좋은 것을 같이 말해야 할 때는 우선 나쁜 것부터 말한다. 이렇게 하면 나중에 말한 좋은 것이 듣는 사람의 인상에 남을 가능성이 높아진다.

평소 매력적인 목소리를 만들기 위해서는 이렇게 작은 데서부터 하나씩 연습하고 습관을 들이는 것이 중요하다. 진심을 담아 이야기하다 보면 어느새 상대의 신뢰를 얻는 목소리를 만들 수 있을 것이다.

감정을 자극하되 논리적으로 전개하라

프레젠테이션이 지나치게 논리적이면 청중은 곧 지루함을 느낀다. 청중의 감성적인 측면을 자극하면서 발표 내용을 논리적으로 설명해야 집중도가 훨씬 좋아진다.

상대를 인정하는 말 한 마디는 무한한 감동을 준다. 아인슈타인 박사가 어느 나라를 방문했을 때의 이야기다. 그를 맞는 성대한 환영연이 베풀어진 자리였다. 아인슈타인 박사를 환영하는 인사를 어느 대학 총장이 하게 되었다. 평소 입이 무거운 이 교수는 스피치에 익숙하지 못했다. 지명을 받고 자리에서 일어선 순간, 그는 말문이 막혀 오랜 침묵이 흘렀다. 드디어 입을 열었다.

"아인슈타인 박사 만세!"

천 마디 말의 성찬보다 멀리서 찾은 박사에게 이 이상의 감동어린 선물은 없었다.

토크쇼의 여왕 오프라 윈프리의 가장 큰 장기는 냉철한 이성과 따듯한 감성이 어우러진 화술이다. 출연자의 고민으로 파고 들어가 그가 겪는 고통을 고백하게 만든다. 한때 그녀의 이름인 '오프라 Oprah'는 미국 고등학생들 사이에서 '(속내 또는 사연을) 고백하게 하다' 라는 뜻의 동사로 사용될 정도였다고 한다. 감성을 자극하는 기술은 사람의 마음을 움직인다는 것을 보여주는 사례다.

>> **프레젠테이션에 적합한 말투**

프레젠테이션은 일상 대화체로 이야기하는 것이 좀 더 설득력 있다. 프레젠테이션은 청중을 상대로 강의를 하는 것이 아니라, 청중에게 설득이나 설명, 동기부여 등을 하는 것이다. 물론 설명이 목적인 프레젠테이션의 경우 강의식으로 진행할 수도 있겠지만, 그런 경우라 하더라도 프레젠테이션은 일방적인 전달이 아니라 쌍방향 전달이 되어야 한다는 것을 명심해야 한다.

마음이 통하는 언어를 구사하라 24

사람들이 서로 충돌하는 것은 권력, 명예, 돈 등에 가치를 부여하는 기준이 제각기 다르기 때문이다. 이러한 차이를 모르거나 인정하지 않으면 자칫 충돌로 이어질 염려가 있다. 가령 지나치게 권력에만 가치를 둔 사람은 그렇지 못한 사람과의 인간관계에서 문제가 발생할 수 있다.
프레젠테이션 내내 청중과 호흡하는 프레젠터는 이러한 개인차의 법칙을 유념해야 한다. 대원칙은 프레젠터와 청중은 만나야 한다는 것이다. 청중은 침묵하는 듯해도 프레젠테이션 내내 온갖 생각을 떠올린다. 프레젠터 혼자 신나게 떠드는 것은 서로에게 유익하지 못한 상황을 초래한다. 프레젠터는 청중의 생각을 읽고, 청중이 호감을 갖도록 스스로 청중에게 다가가야 한다.

커뮤니케이션 오류를 없애는 용어 정의

메시지 전달과 설득을 목적으로 하는 프레젠터에게 커뮤니케이션 능력은 필수적인 요소이다. 그러자면 우선 쉽고 정확한 용어 정의를 내려야 청중과의 커뮤니케이션에서 오류를 없앨 수 있다. 사람은 저마다 개인의 경험과 지식에 따라 문제 인식에 차이를 보이므로 같은 용어라도 다르게 해석할 수 있기 때문이다.

예를 들어 '안락한 교통수단으로 모시겠습니다' 라는 말은 교통수단이 버스인지, 비행기인지, 기차인지 알 수 없는 애매한 표현이다. 이런 경우 프레젠터가 기차를 염두에 두었다고 하더라도 받아들이는 청중은 각자의 경험에 따라 비행기나 버스로 해석할 수도 있다. 따라서 누가 들어도 같은 개념으로 받아들일 수 있는 용어를 쓰는 것이 중요하다. 쉽게 말하면 어떤 용어를 두고 프레젠터와 청중이 같은 그림을 그릴 수 있어야 한다는 뜻이다.

정확한 용어 정의는 의사소통의 핵심이다. 잘못된 용어 정의 하나가 수백억 원짜리 대형 기획을 휴지조각으로 만들어버릴 수도 있다. 그런 의미에서 기획자는 작가나 칼럼니스트에 못지않은 정확한 용어 정의의 감각을 지니고 있어야 한다.

요컨대 많은 젊은이들은 지식과 용어를 머릿속에 집어넣는 것에는 열중하는 반면, 꺼내어 남을 설득하는 데에는 소홀한 경향이 있다. 주장은 있지만 설득은 없는 경우도 있다. 그것은 사고와 지식을 정확한 개념의 용어로 전달하는 능력이 떨어진다는 것을 의미한다. 이처럼 남을 설득하기 위해서는 용어 정의를 정확하게 하는 습관을 들이는 게 중요하다. 커뮤니케이션이 잘 되는 회사들이 통상 1년마다 '사내 용어 정의 규정'을 별도로 만드는 것도 이 때문이다.

프레젠테이션의 과정에서 용어 정의에 대해 특히 신경 써야 하는 할 단계는 기획과 발표이다. 기획을 하는 과정에서 부딪치게 되는 용어 문제는 다음 세 가지로 정리할 수 있다.

첫째, 기획의 개념과 논리를 설명하는 용어는 일상용어보다 정확하고 세분화되어야 한다. 이를 논리적 용어 정의라고 한다.

둘째, 기획 내용을 명쾌하고 쉽게 설명하기 위하여 은유가 깃든 조작적 용어 정의를 활용한다. 이를 조작적 용어 정의라고 한다.

셋째, 트렌드를 분석하는 과정에서 사전에는 없는 생소한 신조어와 부딪칠 경우 용어의 뜻에 대한 정확한 이해가 뒷받침되어야 한다. 이를 트렌드 용어 정의하고 한다.

발표 과정에서 부딪치는 애매한 용어는 대개 평소에 쓰는 말버릇 때문에 생기는 표현상의 문제들이다. 이런 용어나 표현들은 절대 사용하지 말아야 한다. 아예 리스트를 만들어두고 예행연습을 통해 제거해 나가는 것이 좋다.

'~인 것 같습니다', '~인 듯합니다'와 같은 말은 대단히 주관적이고 애매모호한 표현이다. 비슷한 뉘앙스로 '제 생각에는~'이라는 표현도 주관적이고 자신 없는 표현이다. 근거가 확실한 내용을 확정적인 표현으로 말해야 한다.

'다소', '조만간', '어느 정도는', '상당한' 등의 범위가 불확실한 말도 피해야 한다. 비슷한 표현으로 '약간', '적절한', '충분한', '웬만큼' 등도 범위가 막연하기는 마찬가지이다. 이런 표현을 남발하면 프레젠테이션 내용이 갑자기 확실하지 않은 유보적 상태에 빠지게 된다.

아나운서를 벤치마킹하라

프레젠터의 목적은 발표 내용의 의미를 최대한 살려 청중에게 정확한 포인트를 전달하는 것이다. 핵심 단어를 통해 말하려는 의도를 구체적으로 전달하고, 제스처와 같은 비언어적 표현을 적절히 동원하는 것도 분위기를 전달하는 데 유용하다.

아나운서를 벤치마킹하면 사람들 앞에서 어떻게 말해야 하는지 힌트를 얻을 수 있다. 아나운서의 말은 빨라도 듣기에 좋다. 비결은 말과 말 사이의 간격 Pause과 강조 Accent 에 있다.

홈 쇼핑 쇼 호스트의 음성 연출 노하우를 눈여겨보는 것도 도움이 된다. 그들은 또렷하고 명확한 발음과 확신에 찬 어조로 긍정적인 이미지와 신뢰감을 준다.

▶▶ **아나운서처럼 말하기**

① 분명한 발음으로 말한다.
② 짧은 문장으로 말한다.
③ 강조 부분에 변화를 준다.
④ 잠시 멈춤을 사용한다.
⑤ 말의 빠르기에 변화를 준다.

발음이 첫인상을 좌우한다

앞서 첫인상의 중요성을 언급했는데, 첫인상에서 목소리가 차지하는 비중은 의외로 크다. 어떤 사람을 처음 만났을 때 그 사람에 대한 신상 정보를 알지 못한 상태라고 하더라도 그 사람의 목소리만으로도 상대방에게 뚜렷한 첫인상이 각인된다. 목소리로 그 사람의 성격이나 개성 등을 잠재의식 속에서 판단하고 느끼는 것이다.

이렇게 한번 받은 첫인상의 기억은 좀처럼 지워지지 않고 오래 가기 때문에 사회생활에 매우 중요하다. 처음 느낀 첫인상의 기본 바탕 위에 그 다음의 정보들이 쌓인다. 두 번 세 번 계속 접하면서 그 사람의 실제 모습을 보게 되는 것이다. 첫인상의 기억이 완전히 지워지기 위해서는 많은 시간이 필요하다.

일반적으로 목소리가 가냘프면 그 사람을 여리고 약하게 생각해 버린다. 목소리가 굵고 크면 강하고 힘이 있는 사람으로 인식한다. 처음에 이런 판단을 내리고 나면 그 사람이 첫인상에서 받은 이미지와 다른 행동을 하게 되었을 때는 그것을 이상하게 생각하고 때론 싫은 감정이 생기기도 한다. 상대방을 이해하고 이런 오해가 풀어지기 위해서는 상당한 시간이 필요하다.

리듬감과 속도감 있는 목소리를 만들라

목소리는 제2의 얼굴이다. 밝고 정확한 목소리는 자신의 가치에 프리미엄을 더하는 중요한 요소이다. 좋은 목소리에는 강약과 고저가 있으며, 분명하게 들린다. 음성의 톤을 조절하는 것도 중요하지만 천천히 또박또박 설명할 때와 빠르게 설명할 때를 구분하여 리듬감과 속도감을 조절하는 것이 더욱 중요하다.

발표할 내용 중에서 클라이막스에 해당하는 내용이 있을 것이다. 클라이막스라고 해서 무조건 목청을 높이라는 뜻이 아니다. 목소리를 크게 내는 것만이 청중에게 강하게 어필하는 것은 아니다. 경우에 따라서는 마치 속삭이듯 음성을 뚝 떨어뜨려 오히려 더 극적인 효과를 낼 수 있다. 특히 뭔가를 생각하고 느끼게 하고자 할 때 더욱 효과적이다. 이때는 음성을 작게 내는 대신 목에 힘을 주어 더 강한 어조로 이야기해야 한다. 마치 성악가들이 아카펠라에서 음성으로만 연주하듯 강약을 조절하는 것이다.

음성 기복의 변화가 없는 단조로운 형태의 프레젠테이션은 청중을 지루하게 만든다. 썰물과 밀물 같은 흐름, 떠오르고 가라앉는 높낮이가 있는 생동감 있는 목소리를 내는 것이 중요하다.

짧은 단음의 문장에 빠른 리듬을 주면 다른 문장에 비해 강조되어 들리는 경우가 있다. 이것은 말로 설명해서는 이해하기가 어렵지만, 셰익스피어나 국내외 정치가의 논쟁을 교재로 다양한 매체를 이용하여 연습해 볼 수 있다.

리듬은 속도와 직접적인 연관을 가지고 있다. 의미가 담겨 있는 말은 대부분 전달 속도에 따라 그 의미가 달라진다. 미국인은 말을 빨리 하는 것이 역동적이라고 생각한다. 그러나 사실은 빠른 속도 하나만 작용하는 것이 아니라 여러 가지 속도의 다양성, 즉 리듬과 관계가 있다. 말하는 속도를 다양하게 조절하면 청중의 관심을 끌고 집중하도록 유도하는 데 도움이 된다.

목소리의 높낮이와 강약을 조절하라

말의 리듬감이나 속도감과 함께 고려해야 할 것이 하나 더 있다. 그것은 음량의 크기와 목소리의 높낮이다.

먼저 음량은 특히 말의 속도와 조화를 이룰 때 효과가 극대화된다. 음량의 크기는 프레젠테이션을 하는 방의 크기와 관계가 있다. 발표 중에 청중에게 부탁하고 주의를 끌어야 한다면 음량을 올리고 내리는 것만으로도 중요한 부분이 강조된다. 많은 프레젠터들이 능력은 있으면서도 좋은 인상을 남기는 데 실패하는 이유는 너무 길게 그리고 조용하게 일관된 음량으로 프레젠테이션을 하기 때문이다. 말의 속도를 늦추고 음성의 볼륨을 다양하게 함으로써 내용 전달이 더욱 명확해진다. 특히 흥미 있는 이야기나 좋은 정보를 전달하는 중이라면 더욱 그럴 것이다.

음성의 고저를 조절하는 것은 프레젠터의 음성을 '멀리까지 던지는' 능력이다. 멀리까지 음성을 보낼 수 있다면 프레젠터의 음성을 강연장 어느 곳에서도 명확하게 들을 수 있다.

가슴에 공기를 한껏 들이마시고 가슴으로부터 목소리를 끌어올려 목의 뒷부분이나 머리 꼭대기까지 보낸다는 기분으로 발성을 해보자. 평상시보다 입을 크게 벌리고 목소리를 높이는 것이 요령이다. 다만 이것은 소리치는 것과는 다르다. 마치 말소리가 벽에 부딪쳤다가 다시

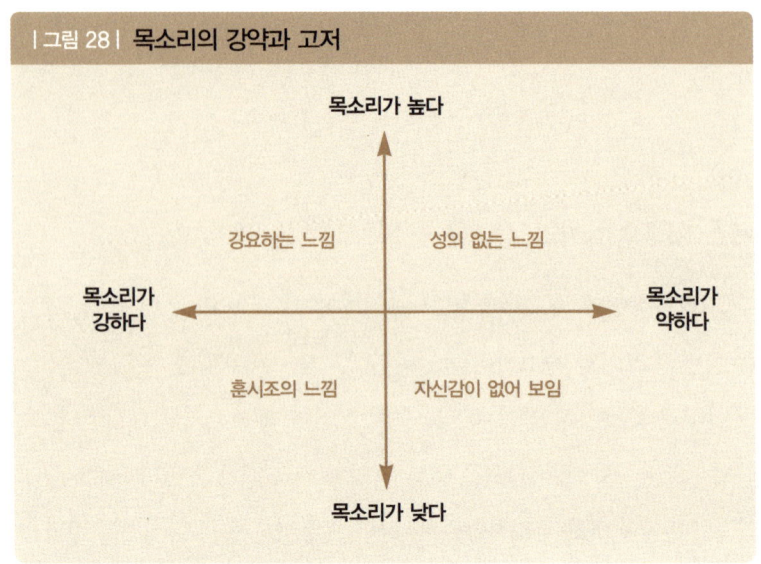
| 그림 28 | 목소리의 강약과 고저

튀어나오도록 하는 기분으로 해야 한다.

프레젠테이션을 준비하기 위해 프레젠터는 컨디션을 조절해야 한다. 위와 같은 방법으로 훈련하면 얼굴 근육이 풀어지고 목이 상당히 부드러워진다. 가장 좋은 운동법은 모음을 4~6회에 걸쳐 소리 내면서 입과 턱의 근육을 최대한 풀어주는 것이다. 그렇게 하면 얼굴 근육을 풀어주고 음의 고저와 발음을 명확히 할 수 있다.

쉼표는 초절정 기술이다

마침내 '쉼'이다. 효과적으로 쉬는 연습을 하는 것이 가장 효과적인 음성 사용법을 배우는 방법이다. 텔레비전 인터뷰에서 영국의 수상이었던 해럴드 맥밀란은 '중단의 요점'에 대해 이렇게 설명한 적이 있다.

"연설을 할 때에는 하나 또는 둘 정도의 요점을 만들어놓아야 한다. 가능하다면 세 개도 좋다. 그 이상은 좋지 않다. 물론 그것을 이야기나 사실, 또는 설명이나 유머로 보충을 하면서 끌어나가야 하지만, 중요한 것은 반드시 하나 이상의 요점이 있어야 한다는 점이다. 음의 고저를 다양하게 하되, 무엇보다도 쉬는 곳이 있어야 한다는 점을 기억하라. 만약 적절히 쉬어가면서 연설을 할 수 있다면 요점을 강조하는 가장 효과적인 방법을 알고 있는 것이다."

청중들은 발표 내용을 알 리가 없다. 모두 처음 듣는 새로운 내용들이다. 그리고 필요 없는 이야기는 없다. 다 중요한 이야기들이다. 이것들을 머릿속에 입력하려면 시간이 필요하다. 프레젠터는 이 시간을 주기 위해서라도 중간의 쉼표를 적절히 이용해야 한다.

고음 불가도 할 수 있는 음성 훈련법

너무 열정적으로 강의를 하여 목에 무리가 생기는 바람에 성대 수술을 받은 강사가 있다. 수술 후 그는 한동안 자신의 강의 스타일에 목소리가 따라주지 않아 좌절하고 말았다. 그 강사에게 목소리에 맞는 강의 스타일을 연구하고 연습하면 기존의 이미지를 바꿀 수 있는 기회가 되지 않겠느냐는 조언을 해주었다. 1년도 안 되어 그 강사는 명강사로 거듭나 고맙다며 식사를 대접받은 적이 있다.

목소리가 나쁘다고 너무 걱정할 필요는 없다. 목소리를 어떻게 활용하느냐가 문제이지 목소리 자체를 탓할 필요는 없다. 방송인 현영 씨나 박경림 씨가 불안정한 목소리 톤을 가지고도 주요 TV 프로그램의 MC 자리를 꿰찰 수 있었던 것도 바로 이러한 이유에서 비롯된다. 타고난 목소리를 상대에게 매력적으로 각인시키기 위해서는 나름대로 훈련이 필요하다. 다음 훈련을 날마다 열심히 한다면 어떤 목소리든지 장점으로 승화시킬 수 있다.

먼저 당신이 음성의 높낮이를 조절할 수 없다면 그것은 입을 크게 열지 않기 때문에 당신의 입에서 행운의 말들이 튀어나오지 않는다는 뜻이다. 또 입과 입술 근육을 적절히 사용하지 않으면 무슨 말을 해도 지루하고 단조로운 말이 될 것이다. 입술과 입 그리고 턱을 활발하게 움직여서 단어를 또렷하게 발음해야 상대에게 명확하게 전달할 수 있다.

공간이 크고 청중이 많은 경우에는 큰 음성으로 말하는 것이 가장 잘 전달된다. 음악과 비교해서 기억하라. RSVPP는 음성을 효과적으로 사용하기 위한 유용한 기억법이다.

- I   Ignite : 개시
- R   리듬 Rhythm
- S   속도 Speed
- V   음성 Voice
- P   톤 Pitch
- P   쉼 Pause

읽지 말고 이야기하라

말하는 사람의 이야기 내용이 상대방의 흥미와 관심을 끌지 못하면 듣는 사람의 머릿속은 금방 다른 생각으로 가득 차 버린다. 겉으로는 듣는 척하지만 마음은 다른 데 가 있으므로 그 사람을 설득하기는 매우 어렵다. 그러나 이것은 듣는 사람의 탓이라기보다 말하는 사람의 잘못일 때가 많다.

교수나 강사 중 대중 앞에서 강연하는 유명한 사람들치고 재미없게 말하는 사람은 별로 없다. 아무리 전문적인 지식이 뛰어나다 하더라도 재미있게 표현하지 않으면 대중은 쉽게 지루해하고 따분해한다. 흥미와 호기심을 유발시키는 발언으로 말을 시작하며 이러한 흥미와 호기심이 지속적으로 유지되도록 이야기를 구성해야 한다.

간혹 강사들은 청중에게 강사의 꼴불견을 적어보라고 부탁할 때가 있다. 정리된 내용을 포스트잇에 간단히 적어서 강사에게 보여 달라고 하면 깜짝 놀랄 만한 내용이 많다. 강사가 강의 시간 내내 미리 준비한 자료에 너무 충실해서 오로지 읽는 수준의 강의를 할 때 꼴불견이라는 불만이 가장 많다.

만약 프레젠터가 내용을 전달하면서 발표 자료를 단순히 읽는 식으로 진행한다면 청중은 금세 지루해하고, 무관심으로 일관할 것이다. 프레젠테이션을 시작하기 전에 한번 아래의 내용을 체크해 보고 부족한 부분이 있으면 보충해서 다듬어 보길 바란다.

① 발표 내용의 느낌이 분명히 와 닿을 때까지 몇 번이고 발표 자료를

읽는다.
② 발표 내용이 어떻게 소리 나는가를 느끼게 될 때까지 큰 소리로 반복해서 읽는다.
③ 중요 문장과 핵심 단어에 표시를 해가며 몇 차례 읽도록 한다.
④ 의미를 두기 위해 발표 중 쉬어야 할 곳의 문장과 구절 끝에 사선을 그어둔다.
⑤ 중요한 요점에 대해 청중에게 직접 강조할 곳의 의미를 전달하는 방법을 연습하고, 어떠한 어려운 전문 용어라도 바르게 발음할 수 있도록 연습한다.
⑥ 어떤 부분에서 말의 속도를 정상 속도로 하고, 어떤 부분에서 말의 속도를 줄여야 할지를 결정한다.
⑦ 준비한 대본에서 사례, 원용, 인용구 넣을 곳을 표시해서 청중에게 당신이 암기형 프레젠터가 아니라는 것을 보여준다.
⑧ 대본에 익숙해지면 발표 내용에 '잠시 멈출 곳'을 다시 확인해 둔다.

　위의 내용에 맞추어 충분히 연습하였다면 스티브 잡스를 비롯한 유명한 이들의 프레젠테이션 동영상을 인터넷으로 검색해 보길 바란다. 그들의 프레젠테이션은 발표라기보다는 이야기에 가깝다. 글쓰기로 따지면 문어체보다는 일상적인 구어체에 가깝다. 수천 명의 청중들을 앞에 두고도 마치 둘이 이야기하듯 진행한다. 그만큼 자연스럽고 편안하게 느껴진다.
　대개의 고급 영어는 중문과 복문을 즐겨 쓰며 어려운 단어가 많이 등장한다. 일단은 어렵고 골치 아프다. 머리에 쏙쏙 들어오지 않는다. 그러나 스티브 잡스의 프레젠테이션을 들어보면 대부분 짧은 단문이다. 대신 뒷문장이 앞 문장을 받아 꼬리를 물고 이어지는 형식이다. 이해하기 쉽고 잘 들어온다.

마음이 통하는 언어를 사용하라

데일 카네기는 남들 앞에서 이야기를 잘할 수 있는 방법에 대해 "자신이 얘기하는 것에 감정과 정신을 담아라. 진실된 감정이야말로 세상의 어떤 스피치 법칙보다 더 큰 효과를 가져다준다"라고 말했다.

청중과 프레젠터가 서로 말이 통하지 않는다면 아무 의미 없는 발표가 되고 만다. 말은 마음의 소리이다. 상대방이 나의 발표에 대해 잘 알고 있다면 그것은 마음과 마음이 서로 통한 것이다. 그것은 청중과 프레젠터가 따로 노는 것이 아니라 서로 마음이 통하는 관심사와 언어를 사용해 마음이 통하게 된 것이다. 그러면 청중의 마음을 사로잡을 수 있다.

이를 위해서는 단어 선택을 신중히 해야 한다. 말은 단어의 선택으로 결정된다. 평소에 쓰지 않는 말이나 동료들끼리만 통하는 용어는 배가 암초를 피하듯 피해야 한다. 프레젠테이션에서 사용하는 말은 정서적으로 듣는 사람과 교감이 되는 단어여야 하며, 청중이 의미를 느낄 수 있는 가치가 담긴 말이어야 한다. 그러나 그 말이 말하는 사람의 이미지 즉, 권위를 실추시켜서는 안 된다.

> ▶▶ **마음이 통하는 3가지 방법**
> ① 쉽게 말한다.
> ② 짧게 말한다.
> ③ 깊이가 있어야 한다.

또한 프레젠터 자신의 언어로 표현할 줄 알아야 한다. 프레젠테이션에서는 미리 준비한 내용을 유창하게 말하는 것만으로는 듣는 사람에게 깊은 인상을 남기지 못한다. 내용을 확실히 소화해서 자신의 언어로 표현하고 말할 줄 알아야 한다.

편안함을 주는 프로의 말하기 기술

루디 줄리아니 전 뉴욕 시장은 연설 도중 원고를 들여다보지 않는 것으로 유명하다. 그러기 위해서는 연설하기 전에 상당한 준비와 노력이 요구된다. 그는 "연설 내용을 완전히 외우고 단상에 오른다"면서 "총 대화 시간 중 90%는 원고가 아니라 상대방의 눈을 쳐다봐야 한다"고 충고한다.

청중을 편안하게 만드는 것은 말의 생명이기 때문에 대화하듯이 이야기하는 것이 기본이다. 그러나 때로는 강한 어조로 빠르게 이야기하고, 때로는 천천히 힘주어 이야기하는 것이 프로다운 모습이다. 즉, 자연스럽게 이야기하면서도 표현의 강약과 완급을 조절할 줄 알아야 한다.

좋은 목소리 연출이란 굵고 낮은 음성, 느리고 깊은 호흡, 여유 있는 속도, 편안하고 안정된 기분 같은 요소들인데, 이런 것들이 청중에게 편안함을 주는 프로다운 스피드와 템포이다.

프레젠테이션의 각 부분에서도 강약과 완급의 변화가 필요하다. 서론을 말할 때에는 청중의 기대와 호기심을 충족시켜 주어야 한다. 그러므로 밝은 표정과 음색으로 생동감 있게 말해야 한다. 여기서 청중을 사로잡지 못하면 이후의 진행이 힘들어진다.

본론은 내용의 중심 부분이므로 논리적으로 물 흐르듯 이야기해야 한다. 머뭇거려서는 안 된다. 진지하게 조리 있게 전달하지 않으면 청중의 신뢰와 동의를 얻기 어렵다.

결론은 핵심의 압축과 요약이다. 이 부분을 청중의 기억에 남기는 것이 가장 중요한 문제이므로 가장 강하게 표현되어야 한다. 쉽게 이해되고 쉽게 기억되도록 인상적으로 결말을 맺도록 한다. 결론을 듣고 청중이 행동으로 옮길 생각을 했다면 성공한 것이다.

빠른 말투는 희망인가 절망인가

전문가는 천천히 말해야 할 때와 빠르게 말할 때를 안다. 훌륭한 프레젠터는 말의 속도를 조절해서 자신의 열정을 웅변적으로 전달한다. 말의 속도는 프레젠터의 역동성과 열정의 정도를 간접적으로 드러내는 수단이다. 일정한 속도로 처음부터 끝까지 말하면 단조롭게 들리므로 말하는 속도에 변화를 준다.

빠른 말은 열정적으로 들린다. 반대로 느린 말은 맥없이 들린다. 그렇다면 처음부터 끝까지 일정한 속도로 말하는 것은 어떨까? 그것은 청중을 더욱 지겹게 만든다. 적절한 타이밍에 속도를 바꿔주는 것이 필요하다.

말이 빠른 사람은 의도적으로 입을 크게 벌려 말해보자. 그러면 자연스럽게 말의 속도가 조절될 뿐만 아니라 발음도 정확해진다.

중요한 포인트를 말할 때는 속도를 조금 떨어뜨려 천천히 머리에 새겨 넣듯이 말하면 인상적이다. 한편, 보충 설명을 해야 할 때는 말하는 속도를 조금 빠르게 하는 것도 좋다. 시간이 모자랄 경우에는 허겁지겁 말을 빨리 끝내지 말고 중요한 내용을 중심으로 마지막까지 침착하게 말하도록 한다.

말의 속도에는 두 가지 고려해야 할 사항이 있는데 첫째는 단어의 속도이다. 우리는 빠른 속도의 말에 익숙해져 있기 때문에 말을 천천히 하거나 속도를 늦추려 한다면 재미없고 따분하다고 느끼게 된다. 우리가 천천히 말할 때, 즉 평소의 자신이 아닌 다른 사람이 되려고 할 때 우리의 생명력과 에너지는 급격하게 떨어진다. 그러면 프레젠테이션이 재미없어진다.

둘째는 어떤 것을 이야기 할 때 청중으로 하여금 생각할 틈을 주는 것이다. 이 세상의 어느 누구도 듣는 것과 생각하는 것을 동시에 할 수 있는 사람은 없기 때문에 항상 생각할 수 있는 틈을 주면서 속도를 조절해야 한다.

참고로 적당한 우리말의 속도는 200자 원고지 2장을 1분에 읽는 정도의 빠르기라고 하니 평소에 연습을 통해 정상 속도를 익혀두는 것이 좋겠다.

청중이 웃어주기를 기다리지 마라

거울은 먼저 웃지 않는다. 당신 자신이 먼저 웃어야 한다.

"웃을 준비가 되어 있지 않다면 문지방을 넘지 말고, 웃을 준비가 되어 있지 않다면 가게 문을 열지 마라."

세계 인구의 1%도 안 되는 민족이 오래 전부터 부모에게 이런 가르침을 받았다. 1901년부터 지금까지 노벨상 수상자의 22%를 넘었다는 유태인의 두고 하는 말이다. 웃음에 대한 좋은 시사점이 되는 이야기다. 프레젠테이션 도중 청중들 속에서 웃음이 터져 나오면 분명 좋은

▶▶ **웃음을 만들어 내는 기술**

① 유머를 구사하라 | 유머는 그냥 웃음만 유발하는 것이 아니라 반드시 말하고자 하는 내용과 관련이 있어야 한다는 것을 잊지 마라.
② 코믹한 제스처를 활용하라 | 익살스런 표정과 몸짓으로 의도된 웃음을 만들어라. 예측불허의 제스처는 효과가 있다. 그러나 지나치면 추해보이므로 적당히 구사해야 한다.
③ 위트를 구사하라 | 대화를 하는 도중에 재치 있는 표현들을 던지거나 끼워 넣은 것이다. 상대의 반응에 따라 순발력 있게 대처하는 것이 관건이다.
④ 조크를 활용하라 | 조크는 유머와는 달리 단지 웃음을 이끌어내는 것이 목적이다. 대화를 시작하려 할 때 툭 던지듯 하면 효과 만점이다. 말하려는 내용과 상관이 없어도 된다.

일이다. 그러나 그렇지 않을 경우 기다리지 말고 성큼성큼 나아가라.

탈무드에서 '유머를 통해 가르친 것이 유머 없이 가르친 것보다 오래 기억된다'고 한 말과 같이 즐거운 분위기는 배우는 사람이나 발표를 하는 사람 모두에게 좋은 일이다.

유머는 프레젠테이션의 기술 중 하나이다. 유머가 없다고 해서 프레젠테이션을 못하는 것은 아니지만, 프레젠테이션 효과를 배가하기 위해 가장 필요한 테크닉이 바로 유머이기도 하다. 유머를 적절히 효과적으로 활용하기 위해서는 몇 가지 원칙을 알아두는 것이 좋다.

❶ 청중보다 자신이 먼저 재미를 느껴라

프레젠터가 웃는 얼굴로 흥에 겨워 프레젠테이션을 진행하는데 꼴불견이라고 보는 청중은 없다.

❷ 반응 없는 유머로 청중을 억지로 웃기기 마라

만약 농담에도 청중이 웃지 않는다면 당신의 스타일을 바꾸어 시도해야 된다. 같은 패턴의 유머를 반복하면 안 된다.

❸ 유머책에 나오는 유머를 사용하지 마라

신선한 내용이 가장 좋다. 관련 분야의 유명한 사람의 경험을 예로 드는 것이 한 예다.

❹ 농담에 과대반응하지 말고 잠시 쉬어라

만약 당신이 운 좋게 청중들을 웃게 만들 수 있다면 마음껏 웃게 만들어라. 대신 청중들이 웃음을 그치고 다시 프레젠테이션을 듣기 위해 정리될 때까지 다음 단계를 위해 잠시 쉴 수 있는 여유를 가져라.

❺ 항상 유머는 주제와 관련 있는 것으로 하라

현재의 주제와 관계없는 빈약한 농담은 아무런 효과가 없다. 신선한 농담, 그러나 주제와 확실히 관계있는 농담을 해서 웃음을 유도하라.

❻ 자신의 재치를 너무 뽐내지 마라

종종 미숙한 프레젠터는 본인의 유머 효과에 들떠서 유머를 지나치게 남발하는 실수를 저지른다. 그럴 경우 프레젠테이션의 방향을 잃고 우왕좌왕 헤맬 위험이 있다. 유머에 파묻혀 청중들의 기대를 거슬러 역주행을 하게 된다.

❼ 시기를 적절히 이용하라

이 말은 우리가 말하는 모든 상황에 적용되는 말이지만, 유머를 사용할 때에 특히 지켜야 할 필수사항이다. 적절한 때가 아니면 아무리 좋은 유머라도 웃음을 끌어내지 못하고 분위기만 썰렁하게 만든다.

❽ 예측할 수 없는 유머를 구사하라

유머는 새롭고 신선하고 예측할 수 없는 것이어야 한다. 남이 알지 못하는 새로운 유머, 따라서 신선함을 줄 수 있는 유머를 구사하

라. 처음 시작할 때에는 다 알고 있는 유머라는 생각이 들지만 이야기를 들을수록 전혀 예기치 못한 방향으로 전개되는 내용이어야 한다.

❾ 저질 유머는 절대로 사용하지 마라

유머는 고상한 것이어야 한다. 저질 유머는 그것을 구사하는 프레젠터의 수준을 의심스럽게 만든다. 동시에 청중을 얕보고 있다는 인상을 준다. 따라서 프레젠테이션 자리에서 저질 유머는 절대 구사하지 말아야 한다.

❿ 짧은 유머의 효과가 더 강렬하다

유머는 짧아야 한다. 핵심이 되는 이야기만 간단하게 전해야 하며 쓸데없는 곁가지는 쳐버려야 한다. 이야기가 산만해지면 효과가 떨어진다.

⓫ 리듬감 있는 유머를 사용하라

프레젠테이션을 할 때의 유머란 파도타기와 같다. 파도를 잘 타려면 박자가 맞아야 하며, 파도에 몸을 맡겨야 파도 타는 재미를 경험할 수 있다. 그러나 박자가 맞지 않을 때는 물을 먹게 되고 물에 빠지게 된다. 이처럼 유머도 대중의 분위기를 잘 파악하여 적절한 때에 적절한 유머를 사용하여야 한다. 유머가 리듬을 타면 청중의 닫힌 마음을 열어준다.

⑫ 순발력을 최대한 활용하라

준비 안 된 유머가 프레젠테이션 중에 머리에 떠오르는 경우가 있다. 그것이야말로 가장 바람직한 유머라고 할 수 있다. 순간의 장점을 최대한 이용하라. 어떤 프레젠터들은 이러한 방식에 아주 잘 반응하는 능력을 지니고 있다. 만약 당신이 그런 재능을 지니고 있다면 철저히 이용하라. 단, 너무 과용하지는 마라. 만약 당신이 이러한 재능을 지니고 있지 않다면 대본에 의지하라! 그러나 가장 성공적인 유머를 사용하는 방법은 연습이다!

유머를 사용할 때 주의할 점은 유머가 단순히 청중을 웃기기 위해 사용되면 안 된다는 것이다. 주제와 관련이 없는 유머는 프레젠테이션에 별 도움이 되지 않는다. 실없는 유머는 프레젠터의 신뢰를 떨어뜨려 일을 망칠 수도 있다.

유머는 미리 정교하게 계획되어야 한다. 유머를 듣고도 아무도 웃지 않는다거나 의아한 표정을 짓게 되면 안 하느니만 못하기 때문이다. 그러나 유머는 어떤 상황에서나 도움이 된다. 주제와 상황과 청중의 성향에 맞는 유머를 개발해야 한다. 그러면 성공의 가능성이 높아진다.

25 눈으로 경청하고 청중과 대화하라

프레젠테이션 자리에 참석한 청중은 결코 우호적이지 않은 문제아들이다. 왜 그럴까? 프레젠터는 정보를 전달하는 것이 목적이고, 청중은 정보를 수집하는 것이 목적이다. 이렇게 입장 차이가 정반대인데도 불구하고 프레젠터가 이런 점을 이해하지 못하고 덤벼들었다가는 실패하기 쉽다.

프레젠테이션의 청중들은 대단히 소극적이고 비협조적이다. 불만이 있는 듯 보이기도 하고 관심이 없는 듯 보이기도 한다. 분명한 것은 청중은 결코 프레젠터의 생각대로 움직여주지 않는다는 사실이다. 청중 자신의 일이므로 적극적일 것이라는 생각은 초보 프레젠터의 고정관념이다. 기본적인 청중의 성향은 다음과 같다.

① 소극적으로 그냥 듣기만 한다.
② 관심도 없고 별로 호의적이지 않다.
③ 집중력이 없고 딴 생각만 가득하다.
④ 생각이 늘 변해 처음과 다른 소리를 한다.
⑤ 자세한 설명을 싫어하고 지루해한다.
⑥ 빨리 끝내고 도망가려고만 한다.

청중의 성향은 늘 이렇다고 생각하고 프레젠테이션을 시작하는 것이 좋다. 프레젠터는 이런 청중의 벽을 뚫고 자기 목적을 달성해야 한다는 각오로 프레젠테이션에 임해야 한다. 이 차이를 좁히고 막힌 벽을 뚫기 위해서는 청중의 성향, 목적, 마음을 읽어내는 능력이 있어야 한다.

모든 청중은 끊임없이 신호를 보낸다

프레젠테이션을 할 때에는 발표를 잘하는 것도 중요하지만 발표하는 동안 청중의 반응을 살피는 것도 중요하다. 그래야 피드백을 통해 상황을 적절히 통제해 나갈 수 있다. 성공의 길로 가고 있는지, 잘못된 길로 빗나가고 있는지 살펴보고, 적절한 궤도 수정을 통해 프레젠테이션을 제대로 통제하기 위한 것이다.

청중의 반응을 파악할 수 있는 가장 좋은 방법은 질문이다. 이 방법은 적극적이고 직접적인 탐색 방법이다. 청중이 프레젠터의 질문에 적극적으로 대답한다면 바람직한 방향으로 가고 있다고 보아도 좋다. 청중이 질문을 제대로 이해하고 올바른 대답을 했다면 프레젠테이션은 거의 성공적이라고 볼 수 있다.

청중의 반응을 탐색하는 또 다른 방법은 청중의 표정과 동작을 읽는 것이다. 프레젠테이션 전문가가 되기 위해서는 청중이 보내는 신호를 재빨리 눈치 채야 한다. 경험이 풍부한 프레젠터들은 프레젠테이션 중에 청중의 몸짓이나 눈빛만 보고도 그들이 세미나를 재미있게 느끼는지, 도움이 된다고 생각하는지, 또는 발표에 호의적인지 등의 여러 가지 상황을 재빨리 파악한다.

반면 경험이 없는 초보자나 아마추어들은 현장 분위기에 압도되어 긴장하고 떨기 바쁘다. 이렇게 떨기만 하느라 청중의 반응을 눈치 채지 못한다면 자신이 프레젠테이션을 이끄는 게 아니라 오히려 프레젠터가 청중에게 끌려가는 상황이 벌어진다.

청중 가운데는 긍정적인 태도, 부정적인 태도, 수용적인 태도, 비판적인 태도, 적극적인 태도, 소극적인 태도 등 갖가지 성향을 가진 사람들이 있다. 이러한 변수를 고려하여 대비책을 마련해 둔다면 성공적인 프레젠테이션이 될 수 있다.

청중의 이해 정도를 파악하는 일은 생각보다 쉽지 않다. 물론 중간에 질문을 던져 이해 정도를 알아보는 확실한 방법도 있지만, 이런 방법을 너무 자주 사용하면 곤란하다. 또 질문을 마구 해댈 수 없는 부류의 청중도 있다.

질문을 하기 곤란할 때 청중의 반응을 확인할 수 있는 가장 좋은 방법은 청중의 표정과 동작을 점검하는 것이다. 발표를 하면서 청중들의 동작이나 자세를 살펴 그에 맞는 적절한 대처를 해야 한다. 의문스러운 분위기라면 다시 한번 설명하고, 지루해하는 동작이면 유머를 동원해서 시선을 집중시킨다.

① 고개를 끄덕이는 동작 ➡ 이해했거나 동의한다.
② 고개를 갸우뚱하는 동작 ➡ 이해가 안 되거나 의문스러운 부분이 있다.
③ 눈을 감고 있는 자세 ➡ 별 관심이 없거나 지루하다.
④ 팔짱을 끼고 있는 자세 ➡ 한 걸음 떨어져서 지켜보겠다.
⑤ 다른 곳을 보는 자세 ➡ 흥미나 관심이 아예 없다.
⑥ 턱을 괴고 있는 자세 ➡ 망설여져서 결정을 못하고 있다.
⑦ 손장난을 하는 동작 ➡ 뭔가를 곰곰이 생각한다.

청중의 침묵도 말이다

프레젠테이션을 하는 내내 침묵에 귀를 기울이는 것도 청중의 반응을 살피는 방법 중 하나이다. 끊임없이 말을 하는 것보다 가끔 귀를 기울일 때 누군가에게 도움을 받을 기회가 생긴다. 그것이 침묵이라고 하더라도 말이다. 청중이 침묵한다고 해서 아무런 반응이 없다고 해석하면 안 된다. 침묵은 다음과 같은 다양한 의미를 담고 있다.

첫째, 프레젠터가 요구하는 것을 알지 못하여 이것저것 생각한다.
둘째, 경직된 분위기에 긴장하여 말을 하지 않는다.
셋째, 자신의 발언을 누군가가 평가한다고 생각하며 경계한다.
넷째, 시간이 부족하여 프레젠터의 진행을 방해하고 싶지 않아 조용히 있다.

프레젠터가 강한 인상을 주기 위해서는 침묵도 하나의 커뮤니케이션 수단으로 이용된다는 것을 명심하자. 세계를 공포로 몰아넣었던 히틀러는 매끄러운 말솜씨로 대중을 선동하지 않았다. 그는 오히려 베를린 광장에 운집한 사람들 앞에서 5분간의 짧은 침묵을 통해 수많은 대중을 그의 마력 속으로 빠져들게 했다.

질문은 청중과의 대화다

프레젠테이션에서 발표자가 하는 질문은 여러 가지 목적을 담고 있다. 우선 청중의 이해도를 점검해 보기 위해 질문을 던져 반응을 살피는 경우다. 이는 적극적으로 청중의 반응을 떠보는 방법이다. 이때는 이해도를 가늠하기 위해 청중의 대답을 꼭 들어볼 필요가 있다.

청중의 관심을 집중시키기 위해 던지는 경우도 있다. 청중의 집중력이 떨어졌을 때 질문을 던져 긴장하게 만들고 시선을 다시 모으는 것이다. 이때의 질문은 꼭 대답을 듣기 위한 것이 아니다. 그러므로 재미있는 내용의 질문을 던지는 것이 좋다.

발표하는 내용을 청중에게 강하게 인식시키기 위해 질문 형식으로 메시지를 던지는 경우도 있다. 상대방을 곤란하게 만들기 위한 질문이 아니므로 적절한 톤의 조절이 필요하다.

질문이 많아질수록 대화는 활발해지고 참여도가 높아진다. 또 사고 활동이 활발해지고 기억에도 오래 남는다. 그렇기 때문에 능숙한 프레젠터들은 질문을 자주 활용한다. 일방적인 전달보다는 주고받는 커뮤니케이션의 효과와 강도를 잘 알기 때문이다. 물론 질문이 너무 잦으면 역효과를 낸다. 청중에게는 짜증나는 일이 될 수도 있으므로 적절한 타이밍을 노려야 한다.

다만 프레젠테이션 같은 자리에서 특정인을 지적해 질문을 던지는 것은 자제한다. 그 사람이 곤란해질 수 있기 때문이다. 꼭 대답을 들으

▶▶ **질문을 던지는 굿 타이밍**

① 분위기가 가라앉을 때 질문을 던져 기분 전환을 시킨다.
② 발표자 자신이 긴장될 때 질문을 던져 스스로를 안정시킨다.
③ 발표한 내용을 강조하고 싶을 때 질문을 던져 기억을 돕는다.
④ 청중이 이해하지 못했다는 생각이 들 때 질문을 던져 확인한다.

려는 것이 아니기 때문에 전체를 향해 질문을 던지고, 대답이 없으면 자신이 답을 말하면 된다. 특정인에게 질문을 던질 때도 대답할 시간 여유를 주는 게 좋다.

청중의 질문에 미리 대비한다

발표가 모두 끝나면 당연히 청중으로부터 질문을 받아야 한다. 이 시간은 별 성과 없이 지나가기도 하지만, 사실은 청중과의 대화가 가장 활발하게 오가는 시간이다. 잘 활용하면 프레젠테이션을 더욱 알차게 만들 수 있는 절호의 시간이다. 프레젠테이션을 좀 망쳤더라도 질의응답 처리가 깔끔하고 확실하게 되면 성공적으로 마무리를 할 수 있는 것이다.

질의응답 시간에 청중이 던지는 질문들은 청중의 입장에서 가장 궁금하고 가장 절실한 문제들이다. 그러므로 성의를 다해 대답해 주어야 한다. 이때 중요 핵심들이 다시 정리될 수도 있고, 설명이 부족했던 부분들을 다시 제대로 이해시킬 수 있다. 그러므로 가장 중요한 '플러스 알파'의 시간이다.

청중의 질문은 대개 추가적인 정보를 얻으려는 것이 대부분이다. 따라서 프레젠터는 발표 내용보다 더 폭넓은 정보를 갖추고 있어야 한다. 보충 자료를 준비해 두었다가 제시하면 좋다.

확실하게 이해되지 않은 부분을 확인하거나 특정 정보를 다시 확인하려는 질문도 많다. 이런 질문은 내용을 다시 요약해 줄 수 있는 확실한 기회가 된다. 적극적으로 좀 더 강하게 표현해 주면 더욱 확실하게 내용을 인지시킬 수 있다.

이밖에 청중 자신의 견해를 알리고 싶은 질문도 있고, 프레젠터의 견해를 묻는 질문도 있다. 이런 질문들은 프레젠테이션의 내용을 한 단계 업그레이드시킬 수 있는 좋은 질문들이다. 프레젠터는 이 부분까지 대답할 준비가 되어 있어야 한다.

예상하지 못한 질문에 대답을 제대로 못하면 프레젠테이션을 아무리 잘했더라도 마지막에 실패했다는 인상을 줄 수 있다. 따라서 질문 시간을 위한 대책을 준비해 두어야 한다. 예상 질문들을 파악할 수 있다면 답변 시나리오를 준비해 두는 것도 좋은 방법이다.

프레젠테이션에서 나오는 질문들은 버릴 것들이 없다. 모두 프레젠테이션의 성과를 더욱 풍부하게 해주고 보충해주는 좋은 질문들이므로 질의응답 시간을 잘 활용하면 더욱 만족스러운 결과를 얻을 수 있다.

좋은 질문이 많이 나오면 마무리 부분에서 알찬 결과를 맺게 되고 프레젠테이션의 분위기도 확 바뀐다. 뭔가 제대로 되었다는 기분을 모두가 느끼는 것이다. 전문가의 노련한 식견이 느껴지는 답변이 나오면 프레젠테이션 전체가 살게 되지만, 제대로 대답을 못 하고 해매면 이제까지 좋았던 분위기가 한순간 엉망이 되어버린다.

질문에 문제가 있어도 비웃는다거나 성의 없는 대답을 하면 안 된다. 간혹 질문자와 대화를 나누다보면 입씨름으로 발전하는 경우도 있는데, 이는 프레젠터로서 절대 금물이다. 잘해야 본전도 못 찾는 짓이다. 프레젠테이션은 이기고 지는 것이 문제가 아니라 더 나은 결론을 얻기 위한 자리라는 걸 결코 잊어서는 안 된다.

답변을 할 때는 머뭇거리거나 주저하지 말고 명쾌하고 강하게 해야 한다. 특히 마지막 마무리 시간이므로 강한 인상을 심어줄 수 있는 기회로 활용하는 것이 좋다. 질문에 대한 답변을 할 때에도 핵심을 먼저 이야기하고 부연 설명을 하는 것이 좋다. 시간도 줄일 수 있고 내용 전달에도 효과적이다.

질문에도 질서와 흐름이 있다

질문 시간은 자투리 시간이라고 생각하고 되는대로 자유롭게 진행하면 안 된다. 발표자는 질의응답의 방법과 순서를 미리 말해주고 질서를 지켜 진행하는 것이 좋다. 잘못하면 우왕좌왕하기 쉽다.

청중의 질문을 받으면 우선 '좋은 질문을 하셨습니다' 라고 칭찬을 해주어야 한다. 왜 그 질문이 좋은지 질문의 의의를 덧붙여주는 것도 좋다. 그런 다음에 질문 요지를 요약해서 다시 청중들에게 알려준 다음, 질문의 내용이 맞는지 질문자에게 확인하는 것이 좋다. 답변을 마친 다음에는 제대로 답변이 되었는지 질문자에게 확인한다.

청중의 질문에는 여러 가지 의도가 깔려 있다. 대부분은 긍정적인 것들이지만, 우호적이지 않은 질문도 있을 수 있다. 부정적이고 공격적인 질문, 내용과 상관없거나 내용을 이해하지 못하고 던지는 질문도 있다. 발표자에게는 프레젠테이션 내용 전달이 최우선이므로 어떤 질문에나 성실히 답변해 주어야 하는 것은 물론이고, 곤란한 질문이 들어오더라도 내용 전달의 기회로 삼아 적극적으로 활용해야 한다. 질문의 성실도와 충실도에 따라 프레젠테이션의 결과가 달라질 수 있기 때문이다.

답변을 제대로 하지 못하더라도 풀이 죽거나 기가 죽으면 안 된다. 프레젠터는 자신이 청중보다 전문가라고 생각하고 당당하게 말해야 한다. 가능한 한 자신 있게 대답하는 것이 좋다.

대답을 제대로 못했거나 잘 모르는 사항이면 다음에 알려주겠다고 확실하게 약속을 해둔다. 이때 "그 부분은 제가 잘 모르는 사항입니다만, 전문가를 알고 있으므로 나중에 알려 드리겠습니다"라고 양해를 구한다. 우물쭈물해서는 곤란하므로 전화나 메일로 전해주겠다고 약속하고 반드시 약속을 지켜야 한다.

요즘에는 휴대폰이 있으므로 프레젠테이션 현장에서 전문가와 전화를 연결할 수도 있다. 그 자리에서 답변을 마이크를 통해 들려준 사례도 있는 만큼 대응 방법은 여러 가지가 있을 수 있다. 노트북에서 인터넷을 통해 금방 답을 얻을 수도 있다.

종종 질의응답 시간에 아무런 질문도 나오지 않으면 분위기가 썰렁해질 수도 있다. 이런 경우까지 대비해서 시나리오를 짜놓아야 한다. 아무도 질문을 하지 않을 경우에는 프레젠터가 청중에게 질문을 던진 다음 대답이 나오기 전에 스스로 답변을 요약해 줄 수도 있다. 미리 준비한 보충 자료나 한 단계 높은 정보를 풀어주는 것이다. 청중은 프레젠터가 준비를 많이 했다는 느낌을 받을 것이다.

▶▶ 질의응답 시간의 답변 요령

① 대답이 즉시 나오면 별 생각 없이 쉽게 대답한다는 느낌을 주므로 잠깐 시간 여유를 두었다가 대답하는 것이 좋다.
② 예상 가능한 질문 내용에 대한 보충 자료를 준비해 두었다가 제시하면 더욱 좋은 인상을 줄 수 있다.
③ 예상하지 못한 질문이 나오더라도 당황하지 말고 답변을 서둘러서도 안 된다.
④ 질의응답 시간은 길게 끌 수 없으므로 되도록 직설적이고 간결하게 근거가 확실한 답변을 하는 것이 좋다.

26 상황에 따라 제스처 크기를 달리하라

프레젠테이션은 기획에서 발표까지 1막 5장으로 끝나는 연극 무대와도 같다. 지금까지 이 책을 따라온 독자라면 이 말의 의미를 짐작할 수 있을 것이다. 프레젠터는 연출력과 연기력을 두루 갖춰야 한다. 훌륭한 기획과 구성은 연출력이며, 생동감 넘치는 발표는 연기력에 해당한다.

프레젠테이션이라는 무대에 오르면 프레젠터의 연기력은 순간순간 시험에 든다. 아무리 준비를 철저히 해왔다고 하더라도 일정 수준의 연기력을 갖추지 못한 프레젠터는 청중의 조롱과 불만을 사기 쉽다. 마치 훌륭한 작품에 캐스팅된 연기력 없는 주인공처럼 전체 그림을 망치는 원인이 되고 만다. 여기서는 프레젠터의 연기력을 평가할 수 있는 표정, 태도, 제스처 등에 대해 알아본다.

외모보다 표정에 투자하라

중요한 프레젠테이션 발표일이 다가오면 머리를 손질하고 새 옷을 사입는 등 외모에 관심 없던 사람도 신경을 쓰게 되는 것이 인지상정이다. 그러나 겉보기에는 그럴 듯하게 준비하고도 정작 무대 위에 서면 긴장감을 이기지 못해 어색하고 아슬아슬한 모습을 연출하는 사람들이 적지 않다. 왜 그럴까?

프레젠터에게 정작 중요한 표정이나 태도, 제스처 등에 대해 소홀했기 때문이다. 외모가 뛰어난 연기자가 연기력 부재로 인해 막상 카메라 앞에서 실력을 발휘하지 못하고 욕을 먹는 것과 같은 이치다.

발표 현장에서 좋은 표정은 프레젠터의 가장 큰 무기다. 외모보다 표정에 투자하는 것이 발표를 잘할 수 있는 비결이다. 그렇다면 좋은 표정을 지으려면 어떻게 해야 할까?

우선 발표 전날 잠을 충분히 자고 프레젠테이션을 하기 바로 전까지 얼굴을 계속 확인해야 한다. 항상 긍정적인 사고와 미소를 잃지 않는 것이 좋은 프레젠테이션을 이끌어내는 비결이다.

좋은 표정이란 생동감 있는 표정을 말한다. 이는 마치 불이 환하게 켜져 있는 방안에 들어온 것과 같은 느낌을 말한다. 얼굴이 밝고 생동감이 넘쳐 그 프레젠터를 보기만 해도 기분이 좋아지는 그런 표정 말이다.

표정이 너무 경직되어 화난 사람처럼 보이거나 긴장한 표정이 드러나면 청중은 불안감을 느끼게 된다. 프레젠테이션을 앞두고 긴장하지 않는 사람은 없다. 그러나 프레젠터가 편안하고 자연스러운 모습을 보여주어야 청중도 편안한 마음으로 들을 수 있다. 그러므로 너무 서두르지 말고 조금 늦는다 싶어도 여유를 가지고 움직이는 것이 좋다. 시작하기 전에 미소를 한두 번 보여주면 여유 있는 인상을 심어주는 데 도움이 된다. 이때 미소는 자연스러워야 효과가 있으며, 지나친 웃음은 오히려 역효과를 낳는다.

사실 자연스런 미소는 마음대로 지을 수 있는 것이 아니다. 평소에 연습을 충분히 해서 얼굴 근육을 자유롭게 움직일 수 있어야 미소도 자연스럽게 나온다. 얼굴 근육을 이완시키는 운동을 프레젠테이션 전에 몇 차례 해두는 것이 좋다.

얼굴 전체에서 풍기는 느낌도 중요하다. 프레젠터의 눈에는 자신감이 차 있어야 하고, 뭔가를 반드시 이루고야 말겠다는 투지가 불타올라야 한다. 그래야 청중이 프레젠터를 보고 확신을 갖게 된다. 비록 자료가 조금 부실하더라도 프레젠터가 확신에 찬 모습을 보이면 청중의 부정적 인식은 긍정적으로 바뀌게 마련이다.

▸▸ **프레젠터의 미소 활용법**
① 처음 인사할 때는 반드시 미소 띤 얼굴을 한다.
② 분위기가 어색하거나 썰렁할 때는 미소와 유머로 분위기를 바꿔본다.
③ 청중과 대화를 교환할 때는 호의와 격려의 의미로 서로 미소를 주고받는 것이 좋다.
④ 너무 긴장된다고 느껴지면 미소 띤 밝은 표정을 보여주는 것이 좋다.

좋은 인상 나쁜 인상

요즘 프레젠테이션에서는 프레젠터가 밝게 미소 지으며 이야기하는 것이 거의 상식이 되었다. 그러나 너무 과도하거나 가식적인 미소는 청중의 호감을 얻기 어렵다. 미소에도 표정이 있다. 살짝살짝 내보이는 미소를 청중이 놓치지 않도록 당당하게 표정을 관리하자.

생동감 있는 표정은 사람들의 시선을 한눈에 사로잡는다. 감정이 풍부하게 드러나는 얼굴은 어디서든 주목받기 쉽다. 청중은 비주얼도 중요시하지만 잘생긴 프레젠터의 얼굴보다는 생동감 넘치는 밝은 얼굴을 더 자주 쳐다본다. 웃는 얼굴에 대고 불평할 청중은 없다.

프레젠터의 표정에는 좋은 인상과 나쁜 인상이 있다. 먼저 호흡이 느리면서 깊고 여유가 있는 상태라면 좋은 인상을 준다. 반면에 호흡이 빠르고 얕으면서 초조하다는 느낌이 드는 상태라면 나쁜 인상을 주기 쉽다. 목소리는 낮고 따뜻하면서 부드러워야 하며, 반대로 높고 떨리면서 탁한 소리를 내면 좋은 인상을 주기 어렵다. 또 바디 랭귀지는 필요할 때만 자연스럽게 하는 것이 바람직하며, 의식적으로 급하고 산만하게 구사하는 것은 나쁜 인상을 준다.

호흡, 목소리, 바디 랭귀지 등을 종합해 볼 때 청중에게 좋은 인상을 주면 경험이 다양한 전문가처럼 보여 신뢰를 주는 반면, 나쁜 인상을 주면 초보자나 비전문가적인 인상을 주어 프레젠테이션 내용에 불신을 갖게 한다.

감정은 얼굴에 그대로 복사된다

입은 거짓말을 해도 몸은 거짓말은 못하는 법이다. 마음을 찌르는 날카로운 청중의 질문에 대해 확실하게 답변을 하지 못하면 누구나 순간 당황하게 된다. 얼굴이 달아오르고 등에 진땀이 흐르고 목소리가 가늘게 떨린다. 그런 현상이 느껴지면 자신의 몸이 굳어가는 것을 경험한 적이 있을 것이다. 입으로는 진실이라고 말해도 자신의 몸은 거짓이라는 것을 인정하는 꼴이 된다. 어리석은 행동이지만 후회해도 소용이 없다.

청중은 프레젠터의 감정 상태를 얼굴 표정을 통해 쉽게 눈치 챈다. 적은 수의 청중을 대상으로 할 때는 물론이고, 수많은 청중을 앞에 두고 있는 경우라도 앞쪽에 앉은 청중은 프레젠터의 표정을 자세히 살펴볼 수 있다. 프레젠터가 충분히 준비하여 의기양양할 때의 표정과 준비를 제대로 하지 못해 불안해하는 표정을 청중은 그대로 읽는다.

역으로 말하자면 프레젠터는 표정 관리를 통해 청중을 자기 페이스로 끌어들일 수도 있다. 프레젠테이션을 할 때 굳은 표정을 지으면 청중은 프레젠터가 긴장하고 경직되어 있다고 느껴 불안하고 불편해한다. 또 자신감에 찬 표정을 짓는 것은 좋지만, 이것이 너무 지나쳐 오만한 표정이 되어서는 안 된다. 얼굴 표정은 부드럽고 약간 밝게 하는 것이 가장 이상적이다.

얼굴 표정을 관리하기 가장 좋은 방법은 바로 프레젠테이션 내용에 심취하는 것이다. 그래서 말하고 있는 내용에 따라 표정이 자연스럽게 만들어지도록 내버려 두는 것이다. 이렇게 하기 위해서는 거울을 보며 다양한 표정을 연구하고 훈련해 두는 것이 필요하다.

예의바른 자신감이 최고의 태도

당 태종의 통치 기간 중 당나라는 그 어느 때보다 평화로웠다. 태종은 화술의 달인이었지만, 말을 지극히 조심하는 군왕이었다. 한 나라의 왕으로서 거칠 것이 없었지만, 태종은 말의 위험성을 깊이 자각하고 스스로를 부지런히 경계했다. 태종의 이러한 경계는 군주의 실수를 줄이는 좋은 방책이 되었다. 아무리 말을 잘한다고 해도 생각 없이 말이 튀어나오는 일이 없도록 해야 한다.

프레젠테이션에서 프레젠터가 지향해야 할 가장 훌륭한 태도는 예절을 지키면서 자신감을 보여주는 것이다. 프레젠터가 예절바른 태도를 보이면 청중도 이에 호응한다. 프레젠터가 자신감에 차 있으면 청중도 프레젠터를 신뢰하게 된다.

능력이 커지면 자만심이 깃들게 마련이다. 항룡유회 亢龍有悔, 즉 하늘 끝까지 다다른 용에게는 반드시 후회가 남는다. 자신감이 커질수록 청중의 의중을 살피고 겸손해야 한다. 태도를 가지런히 하고 말을 다듬으면, 저절로 사람이 따른다.

자신감이 지나쳐 오만하게 보이거나 외고집을 부리는 것은 삼가는 것이 바람직하다. 듣는 사람을 가볍게 여기는 태도 역시 삼가야 한다. 예를 들어 정보 전달 프레젠테이션에서는 프레젠터가 청중보다 그 주제에 대해서 더 잘 아는 전문가인 경우가 대부분이다. 그렇다고 하더라도 듣는 사람을 낮추어 보는 듯한 언동은 반감을 사기 쉽다. 필요 이상으로 자신을 낮출 필요는 없지만, 대등한 입장에서 정보를 전달하려는 자세로 임해야 한다.

말보다 더 효과적인 바디 랭귀지

방송에서 맹활약하는 MC들을 자세히 관찰해 보면 그들이 왜 유명한 MC로 고액의 출연료를 받고 있는가를 알 수 있다. 국민 MC라고 하는 유재석, 씨름선수에서 버라이어티 프로그램의 최고 MC가 된 강호동, 그리고 최고의 권력층과 기성학자들에게 거침없는 쓴소리를 던지기로 소문난 도올 김용옥 교수, 그들의 공통점은 무엇일까?

아마도 그것은 몸을 사리지 않는 온몸 표현법, 즉 바디 랭귀지를 바탕으로 하는 탁월한 쇼맨십일 것이다. 동일한 내용을 전달하더라고 그들은 온몸을 던져 표현하기 때문에 그들의 메시지는 전달력이 높고, 매우 강력하게 느껴진다. 자신이 말솜씨에 자신이 없다면 몸으로 하는 표현법을 익히는 것도 좋은 방법이다.

우리 주변에 말은 어눌하게 하지만 영업 실적이 높은 영업맨을 가끔 볼 때가 있다. 필자의 주변에도 말에 자신이 없어 몸으로 자신이 파는 물건을 홍보하는 '로보캅 맨'이 있다. 그는 매일 아침 출근 시간에 가장 붐비는 네거리 모퉁이를 고른다. 그런 다음 로보캅 복장으로 서서 자신이 자동차 회사의 세일즈맨이라는 것을 알린다. 비가 오나 눈이 오나 거르지 않고 온몸으로 알린다. 그의 판매 실적은 전국에서도 상위권에 들어간다.

'바디 랭귀지'라는 말에서 보듯 몸동작은 몸으로 말하는 언어이다. 일반적으로 바디 랭귀지라고 하면 차원이 낮은 의사소통의 수단으로 인식하는 경향이 있지만, 기능적인 측면에서 볼 때 의사 전달 효과는 의외로 크다.

미국 UCLA의 심리학자 알버트 멜라비언이 연구 조사한 바에 의하면 청중은 프레젠터의 태도(인성) 55%, 전달 방법(음성) 38%, 내용 7% 등의 순으로 의사결정을 하게 된다고 한다. 즉, '누가(태도)', '어떻게(전달 방법)', '무엇(내용)'을 전달했는가에 따라 프레젠테이션의 성패가 달려 있다는 것이다. 일반적으로 가장 중요한 것으로 취급되어 왔던 '말의 내용'은 불과 7% 밖에 영향을 미치지 못한다는 사실이 놀랍다. 내용은 이미 기획 단계에서 서로에게 알려져 있다. 내부 의사결정 과정에서 중요성을 인정받았기 때문이다. 그러므로 고객 입장에서는 내용보다 태도와 전달 방법이 더욱 큰 영향력을 미친다는 사실에 주목할 필요가 있다.

다시 한번 강조하건데 청중에게 믿음을 주는 가장 중요한 요소는 프레젠터의 태도와 인성이다. 이는 똑같은 내용을 가지고 설명하더라도 '누가', '어떻게' 설명하느냐에 따라 그 내용에 대한 신뢰도가 달라진다는 것을 의미한다. 결국 프레젠테이션 성공 비결은 '신뢰할 수 있는 사람'이 온몸으로 하는 '바디 랭귀지'이다. 이것이 좋은 내용을 잘 전달해 설득하는 최상의 방법이다.

발표자가 프레젠테이션을 하다보면 열정적으로 몰입하게 되는데,

이때에는 손동작이나 몸동작이 다소 과장될 수 있다. 늘 흥분하지 않도록 조심하면서 동작을 절제하는 것이 중요하다. 몸에 밴 습관적인 동작은 자신도 모르게 나오는 수가 있는데, 이런 이상하게 보이는 행동들은 평소에 점검하여 철저히 교정해 두는 것이 좋다. 특히 머리를 흔든다든지 눈을 지나치게 깜박인다든지 다리를 떠는 습관 같은 것은 아주 좋지 않으므로 반드시 고치는 것이 좋다. 뒷짐을 지거나 팔짱을 끼는 것도 좋은 인상을 주지 못한다.

마찬가지로 청중의 태도를 관찰하면 프레젠터에 대한 청중의 호감 정도를 파악할 수 있다. 청중이 안정된 모습으로 고개를 꼿꼿이 쳐들고 상체를 약간 앞으로 내민 상태라면 프레젠테이션 내용에 흥미를 느끼고 있다고 봐야 한다. 그러나 어이없는 듯한 표정을 하고 있으면 문

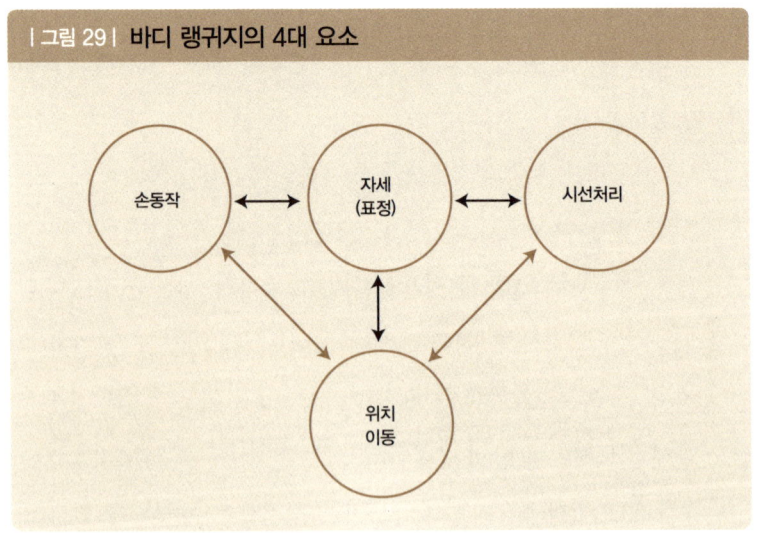

| 그림 29 | 바디 랭귀지의 4대 요소

제가 있다는 뜻이다. 그럴 때는 청중에게 질문을 던지거나 커피 타임을 요청해서 잠깐 쉰 다음 분위기를 바꾸어야 한다. 프레젠터는 청중의 이런 비언어적 커뮤니케이션에 관심을 갖고 의미를 파악하여 그때그때 상황 대처를 잘 해야 한다.

'무슨 말을 하느냐가 중요한 게 아니라 어떻게 말하느냐가 중요하다'는 말은 비언어적 요소의 가치를 단적으로 잘 설명해 주는 문장이니 잘 기억해 두자.

청중 앞에서는 바지 주머니를 꿰매라

청중 앞에 서서 프레젠테이션을 하는 경우 강연대나 탁자 같은 것이 없다면 온몸이 그대로 드러난다. 이런 경우 전신을 통제하는 일에 많은 차이가 나므로 예행연습 때 반드시 이를 감안하여 연습하는 것이 좋다.

우선 바지 주머니에 손을 넣고 프레젠테이션을 하는 것은 청중에게 무례한 행동으로 간주된다. 더욱이 주머니에 손을 넣는다는 것은 제스처를 활용하지 않는다는 뜻이기도 하다.

청중 앞에 설 때 가장 보기 좋은 자세는 남녀 모두 두 발을 골반 너비 정도로 벌리고 서는 것이다. 한쪽 다리에만 의지하고 서 있으면 불안하고 삐딱해 보인다. 구부정하게 서 있는 것도 좋지 않다. 나무가 땅에 뿌리를 박고 서 있듯 두 다리에 힘을 주고 등은 곧게 펴고 선다. 중요한 내용을 말하는 부분에서 몸을 앞으로 약간 숙이면 더욱 호소력 있게 보인다.

　상하체의 밸런스를 고려하면 다리에는 힘을 주는 반면, 목과 어깨 근육은 이완시켜 힘을 자연스레 빼는 것이 좋다. 상체에 힘을 주어야 하는 때는 특별히 강조해야 할 클라이맥스 부분으로 한정한다.

　서 있을 때 손의 위치도 중요하다. 한 손에는 마이크를 잡거나 자료 카드를 들고 다른 손은 자연스럽게 내려뜨리고 있다가 손동작을 하는 데 사용하는 것이 좋다. 깍지를 끼면 부자연스러울 수 있으므로 손은 되도록 손동작을 하는 데 사용하는 것이 좋다.

　강연대나 탁자가 있을 경우에는 몸의 많은 부분이 가려지므로 훨씬 편하게 진행할 수 있다. 그러나 역동적이지 못하므로 좀 답답해 보이거나 소극적이 될 수 있다. 쉽게 손동작에 제약을 받으므로 강연대나 탁자에는 몸을 기대지 않도록 한다.

청중에게 신뢰감을 주는 행동

청중이 신뢰감을 갖는다는 것은 프레젠터가 자신의 이익이나 목적을 위해 청중을 속이거나 이용하지 않고 객관적인 정보를 제시한다는 믿음을 준다는 의미다. 아무리 높은 수준의 전문성을 갖추었다 해도 신뢰감을 전달하지 못하는 사람의 말은 누구나 의심을 품고 듣게 마련이다. 청중에게 신뢰감을 주기 위해서는 다음과 같은 요소들을 지켜야 한다.

① 말하는 속도를 너무 빠르지 않게 하라.
② 자연스러운 미소를 지어라.
③ 긍정적이고 역동적인 단어를 골라라.
④ 친밀한 눈 맞춤을 신경 써라.

앞서 외모보다 표정이 중요하다고 언급했지만, 사실 외모 역시 소홀할 수는 없다. 적어도 단정한 인상을 심어줄 수 있도록 용모에 신경을 쓰는 것은 프레젠터의 기본적인 자세다. 특히 복장은 최소한의 예의이자, 신뢰감을 주는 첫걸음이므로 잘 갖추어 입어야 한다. 단, 너무 화려한 복장이나 액세서리는 피하는 것이 좋다. 청중들의 시선을 끌어 발표에 방해만 될 뿐이다. 벨트의 버클도 너무 눈에 띄지 않는 것이 좋다. 여성의 경우 노출이 많지 않은 복장이 바람직하다. 다음은 프레젠터가 자문해 보아야 할 질문들이다.

① 머리가 단정한가?
② 눈이 충혈되어 있지 않은가?
③ 안경은 깨끗하게 닦여 있는가?
④ 코털이나 수염이 정리되어 있는가?
⑤ 피부가 환하고 말끔한가?

27 성실한 예행연습이 성공을 보장한다

발표물이 만들어져 모든 준비 단계가 끝나면 예행연습 즉, 리허설을 시작한다. 예행연습은 경험이 많은 프로들도 가장 신경을 써서 하므로 실전과 다름없이 최선을 다해야 한다. 아무리 시간이 없어도 예행연습을 하지 않고는 프레젠테이션을 하지 않는다는 원칙을 갖는 게 프레젠터의 기본적인 자세다. 예행연습이 효과적인 이유는 프레젠터가 발표 자료를 완전하게 이해하고 머릿속에 담아둘 수 있는 과정이 되기 때문이다. 이 과정을 거치면 프레젠터의 발표는 좀 더 자연스럽게 다듬어지고, 이해도가 높아질수록 자신감이 생겨 실전에서 실수를 하더라도 당황하지 않게 된다.

예행연습을 따로 하지 않으려는 프레젠터도 없지는 않다. 예행연습을 하게 되면 각본대로 움직이는 로봇이 되기 쉽다는 것이 그들의 생각이다. 프레젠테이션은 마치 라이브 공연처럼 창의성을 살려야 하는데 그게 불가능해진다는 것이다. 이것은 프레젠테이션을 예술로, 프레젠터를 예술가로 생각하는 극단적인 경우다. 프레젠테이션은 여러 사람이 참여하는 행사이자 일회성 행사이기 때문에 즉흥적인 창의성을 중시하는 라이브 공연과는 다르다. 다른 사람에게 피해를 입힐 수는 없기 때문에 반드시 예행연습이 필요하다. 더욱이 라이브 공연이라고 해서 리허설을 하지 않는 것은 아니다. 따라서 경험이 적은 프레젠터일수록 예행연습에 공을 들여야 한다.

예행연습은 실전처럼 최선을 다하라

예행연습을 할 때에는 실제처럼 해보는 것이 가장 중요하다. 임시 청중을 동원할 수 없으면 거울을 보고 연습한다. 녹음기나 비디오 기기를 사용해서 점검해 보는 것도 효과적이다.

주의할 것은 화면을 그대로 읽으면 안 된다는 점이다. 화면의 설명이 자세하면 간단하게 요점만 설명하고, 화면의 설명이 간단한 문장이면 설명을 길게 해서 여백을 메워주는 융통성을 발휘해야 한다. 정보 제공을 위한 프레젠테이션의 경우에는 화면을 자세하게 구성하고 발표는 간단하게 하는 것이 좋다. 제안, 설득, 동기부여, 엔터테인먼트를 위한 프레젠테이션의 경우에는 화면 구성은 간단하게 하고 설명을 자세하게 하는 것이 효과적이다.

예행연습은 많을수록 좋다

예행연습은 몇 번에 걸쳐서 하는 것이 좋다. 그 중에 적어도 한 번은 반드시 시계를 보면서 시간을 조절하는 연습을 병행하는 것이 좋다. 이때 시간이 넘치거나 모자랄 경우 설명을 간략하게 줄일 부분과 설명을 좀 더 늘일 부분을 결정한다.

시간 조절이 웬만큼 되면 다음 예행연습 때는 손동작과 몸동작 등의 제스처를 점검한다. 이때 실제 발표 장소에서 위치 이동을 직접 해보는 것이 좋다. 무대의 좌측에서 우측으로 이동할 수도 있고, 청중에게 다가갔다가 물러설 수도 있다. 청중 역할을 할 만한 사람을 세워두고 효과를 점검해 보는 것이 좋다.

　이 과정을 통해 발표하는 모습이 자연스럽게 다듬어지고 발표자가 자신감을 갖게 되면 예행연습을 마쳐도 좋다. 하지만 조금이라도 미흡하다고 생각되는 부분이 있으면 연습을 계속해서 바로잡아야 한다. 예행연습을 할 때에는 프레젠터 자신의 문제점을 교정하는 것도 중요하지만, 발표 현장에 대해서도 꼼꼼히 점검해야 하므로 실제 상황에 맞춰 진행해 보는 것이 중요하다.

　예행연습을 많이 하면 할수록 자신감이 붙는다. 따라서 초보자일수록 여러 번에 걸쳐서 해보도록 한다. 실제 현장에 가서 연습하는 것이 가장 좋다. 장소에 익숙해지면 불안감은 줄어든다.

　예행연습을 할 때에는 미리 체크리스트를 준비해 놓고 실행에 들어간다. 끝난 다음에는 녹화 비디오를 보거나 팀 회의를 통해 결과를 분석하고 교정한다. 제대로 교정이 되었는지 확인하고, 몸에 익히기 위해 다시 연습해 보는 것이 좋다.

　예행연습은 실전처럼 진지하게 치르는 것이 좋다. 하지만 실수는 많이 저질러 보는 게 실전에서 더욱 도움이 된다. 예행연습에서 실수

▶▶ **예행연습 시 준비사항**
① 발표 자료에 이상이 없는지 마지막으로 점검한다.
② 예행연습을 통해 실제 속도로 발표하면서 시간 배분을 세심하게 점검한다.
③ 자신감을 기르기 위해 과감하게 반복해서 시도한다.
④ 임시 청중을 동원하여 문제점을 찾아내고 교정한다.
⑤ 주변 기기들의 상태를 실전과 똑같이 작동시켜 본다.

를 많이 할수록 실전에서는 똑같은 실수를 저지를 확률이 줄어들기 때문이다.

내일의 준비는 전날 미리 점검한다

프레젠테이션 당일이 다가오면 오직 프레젠테이션에만 집중할 수 있는 분위기를 만들어야 한다. 프레젠터는 원고와 관련 자료를 파악하고, 반복되는 리허설을 통해 자신감을 충전하는 것이 필요하다. 또 팀원들과 질의·응답 예상 리스트를 만들어 능동적으로 대응할 수 있도록 준비한다.

프레젠테이션 전날 예행연습을 마치면 일찍 퇴근하여 다음날 프레젠테이션 장소로 떠날 준비를 미리 해두는 것이 좋다. 또 발표 당일에는 일찍 출근해서 프레젠테이션을 위한 준비에 완벽을 기하는 것이 좋다. 우선 체크리스트를 만들어 필요한 자료와 기기를 점검하고 빠진 것이 없는지 확인한다. 이상이 없으면 바로 운반할 수 있도록 짐을 꾸리고 교통편도 확인해 둔다. 프레젠테이션 당일에 일어나 허겁지겁 준비하다 보면 무언가 빠뜨리게 마련이다.

프레젠테이션 당일에 최상의 컨디션을 유지하기 위해서는 전날 무리하는 일이 없어야 한다. 음주나 흡연은 물론, 음식까지도 적절하게 통제하는 것이 바람직하다. 잠을 충분히 자두는 것은 말할 것도 없다. 전날 너무 무리한 연습을 하다가 막상 당일 실전에서는 피곤에 지쳐 맥이 빠지는 수가 있으므로 무리하지 않도록 조심한다.

물품 체크리스트 외에 일정 체크리스트도 마련되어 있어야 한다. 날마다 해야 할 일들을 적어놓고 빠진 부분이나 소홀한 부분이 없는지 살펴본다.

모든 점검이 끝나면 이미지 훈련을 한다. 내일 진행할 장면을 머릿속에 그려보는 것이다. 시작부터 끝까지 장면들이 막히지 않고 흘러가야 한다. 그러면 완전한 방향 감각이 설정된 것이다.

베스트 컨디션은 성공을 위한 필수 조건이다

발표 당일의 베스트 컨디션은 성공 프레젠테이션을 위한 필수 조건이다. 아침에 일어났을 때 긴장과 걱정이 앞선다면 준비가 충분하지 않은 것이다. 예행연습을 충분히 했다면 아마 긴장감보다 자신감이 앞설 것이다.

발표장에 들어서면 누구나 긴장하게 마련이다. 정도의 차이일 뿐이지 초보자나 경험 많은 프로나 만찬가지다. 그러나 긴장만 하고 있을 틈이 없다. 발표장에 들어서면 우선 사전 점검부터 시작해야 한다.

무엇보다 30분 전에 도착해서 청중들을 둘러보고 분위기를 파악하는 것이 좋다. 사용해야 할 기기들도 다시 한번 점검한다. 기기나 장비는 하루 전에 확인해 보았더라도 발표 몇 분 전까지 몇 차례 더 테스트해 보는 것이 안전하다.

기기에 아무런 이상이 없으면 조용히 앉아서 마음을 가라앉힌다. 마음이 잔잔해지면 전체 순서를 머릿속에 그려본다. 자신이 말하고 행동하는 장면들도 순서에 맞춰 그려본다. 손동작 등의 구체적인 전달 기술을 구사하는 장면까지 그려볼 수 있다면 더욱 좋다. 마지막 이미지 훈련은 의외로 상당한 효과를 발휘한다. 특히 초보자들은 미리 시간을 충분히 갖고 마음의 정리를 하는 것이 큰 도움이 된다. 베스트 컨디션으로 청중에게 베스트 프레젠테이션을 제공한다면 백전백승을 할 수 있을 것이다.

▶▶ **프레젠테이션 시작 전에 점검할 사항들**
① 장소나 장비의 사전 확인 없이 섣불리 진행하지 마라.
② 멋있고 고상하게 보이려고 하지 마라.
③ 원고를 외워서 발표하지 마라.
④ 천정이나 바닥 또는 창문 밖을 쳐다보면서 하지 마라.
⑤ 지휘봉이나 펜으로 장난을 하지 마라.
⑥ 말을 너무 빨리 하지 마라.
⑦ 비주얼 기기를 너무 많이 사용하지 마라.
⑧ 시간을 너무 길게 끌지 마라.
⑨ 끝 부분 정리 멘트를 잊지 마라.
⑩ 단정하고 깔끔한 매너를 지켜라.

28 PT에서 반드시 알아야 할 발표의 기술 10가지

지금까지 프레젠테이션 1막 5장의 연출과 연기 방법에 대해 조목조목 살펴보았다. 이 중에 공감하는 내용이 있는 반면 그렇지 않은 내용도 있을 것이다. 중요한 것은 이 책의 서두에서 밝힌 것처럼 독자 여러분의 목적에 부합하는 결과를 얻었는가 하는 문제다. 이 책을 통해 소기의 성과를 얻었거나 프레젠테이션에 대한 작은 문제의식을 갖게 되었다면 더할 나위 없이 만족스러울 것이다.

마지막으로 이제까지 이야기한 내용을 실전에서 직접 활용할 수 있도록 프레젠테이션의 핵심사항을 10가지 발표의 기술로 정리했다. 좀 더 상세한 실전 노하우는 부록편을 참조하기 바란다. 부록은 본서의 이론적 내용을 실전에서 응용하는 방법 위주로 설명했으며, 본서에서 일일이 열거하지 못한 세세한 활용법까지 비주얼하게 작성했으므로 도움이 될 것으로 믿는다.

발표의 기술 ❶

자신에 대한 15초짜리 광고로 시작하라

프레젠테이션 또는 강연에서 사회자가 프레젠터를 소개한 후 시작하는 것이 일반적이다. 하지만 정식으로 소개를 받고 강연을 시작하지 못할 상황이라면 프레젠터 스스로 자신을 소개하면서 시작할 수 있도록 준비하는 것도 중요하다. 아래 순서에 따라 자신을 소개하면서 시작해 보자.

시작할 때에는 무엇보다도 마음을 가라앉히는 것이 필요하다. 급하게 단상으로 가자마자 말을 꺼내다가는 실수할 수도 있다. 처음 앞에 나섰을 때는 몇 초 동안의 여유를 갖고 청중을 천천히 둘러보자. 그런 다음 인사를 하는 것이 좋다.

- GREET | "안녕하세요!"라고 먼저 기쁘게 웃는 얼굴로 인사하라. 그러면 청중은 당신이 강의를 하게 되어 즐겁다고 느끼게 될 것이다.
- IDENTIFY | 자신이 누구이며 어디에서 살고 있는지, 직업은 무엇인지 등을 자세히 이야기하라.
- QUALIFY | 자신의 과거나 현재의 업적에 대해 언급하라. 이렇게 함으로써 강연자가 강연을 하기에 적합하고 능력이 있다는 것을 보여줄 수 있다.
- TOPIC | 강연의 주제를 말하라.
- TIME | 프레젠테이션의 시간이 얼마가 될지를 미리 밝혀라.
- SURPRISES | 비디오나 기타 준비한 자료에 대해 언급하라. 또는 질의 시간이나 기대를 줄 만한 것은 모두 미리 얘기하라.

- QUESTIONS | 언제 질문을 받을 것인지 미리 얘기하라.

예문

- 안녕하십니까, 여러분!
- 저는 자기계발연구소 이용갑 소장입니다. 저는 현재 비즈니스 컨설턴트로 일하고 있으며, 경영 기획과 프레젠테이션이 제 주요 강의 분야입니다.
- 저는 지난 10년간 이 분야에 대해 연구하고 일해 왔습니다. 또한 대학원에서 경영 기술에 대해 공부했습니다. 이전에는 L전자 등에서 기획과 프레젠테이션 기법에 대한 강의를 했습니다.
- 오늘은 비니지스 프레젠테이션을 준비할 때 도움을 받는 것의 유용성과 오용성에 대해 이야기를 하고자 합니다.
- 진행 순서에 따르면 제게 할당되어 있는 시간은 40분입니다. 30분은 제가 준비한 프레젠테이션 자료를 갖고 설명하는데 쓰겠습니다.
- 이 시간 동안에 저는 여러분의 프레젠테이션 슬라이드 작업에 필요한 다양한 기법을 소개하고, 영상 자료를 통해 활용 사례를 보여드리겠습니다.
- 그 후에는 여러분들의 의견을 듣는 시간을 마련하겠으며, 질문도 받겠습니다.

이렇게 말한 다음 잠시 멈추고 청중의 눈을 쳐다보라. 그리고 나서 프레젠테이션을 시작하라. 좋은 결과가 기다리고 있을 것이다. 본격적으로 프레젠테이션에 들어가기 전에 가벼운 잡담을 하는 것도 좋다.

　날씨나 물가, 스포츠 이야기, 또는 개인 신상에 관한 이야기도 도움이 된다. 유쾌한 유머를 구사할 수 있다면 더욱 쉽게 분위기를 이끌어 갈 수 있다. 처음에는 사람들을 편하게 만들고 관심을 끄는 전략을 구사하는 것이 좋다. 어쨌든 첫 시작은 15초짜리 인상적인 광고를 보여준다는 생각으로 진행하라. 아무렇지도 않은 듯 자연스럽게 말하지만, 속으로는 이 프레젠테이션의 사활이 지금 15초에 달려 있다는 생각으로 덤벼야 한다.

발표의 기술 ❷　앉지 말고 서서 발표하라

과거에는 앉아서 프레젠테이션을 하는 경우가 간혹 있었지만, 최근에는 서서 하는 것이 일반적이다. 한 조사에 의하면 앉아서 하는 것보다 서서 발표하는 것이 더욱 효과적이라고 한다.

　물론 앉아서 하면 긴장감이 덜어지는 효과가 있는 게 사실이다. 사람들 앞에 선다는 두려움이 적어지는 것이다. 서 있으면 혼자만 노출되는 것 같아 심리적으로 긴장과 공포가 커진다. 분위기가 완전히 달라져 아무리 말 잘 하는 사람이라도 실수를 하게 되는데, 이렇게 되면 프레젠테이션을 진행하기 어려워진다. 이것을 해결하기 위한 몇 가지 방법이 있기는 하나 머리에 외워두고 있다고 해서 쉽게 해결되지는 않는다. 직접 훈련을 많이 해봐야 극복할 수 있다.

발표의 기술 ❸

청중을 설득하는 3가지 전략

청중이 어떤 마음으로 듣는가? 그것이 프레젠테이션의 성공 여부를 결정한다. 청중의 마음을 열기 위해서는 3가지 열쇠가 필요하다. 진실성과 매력, 그리고 카리스마가 그것이다.

아리스토텔레스는 '품성'을 의미하는 '에토스 Ethos'가 설득에서 중요한 역할을 한다고 강조했다. 똑같은 내용이라도 믿을 만한 사람에게서 나온 정보가 훨씬 더 설득력을 가진다는 말이다. 커뮤니케이션 전문가 알렉시스 탠 Alexis S. Tan에 따르면 매력이란 친근감, 유사성, 애호성이라는 3가지 요인에 의해 결정된다고 한다.

카리스마란 본래 '신의 은총'을 의미하는 것이었으나 지금은 변질되어 '많은 사람을 휘어잡는 능력이나 자질'로 표현된다.

❶ 에토스 Ehtos

프레젠테이션은 프레젠터의 명성이나 신용을 바탕으로 청중을 설득하는 능력이다. 청중은 기본적으로 프레젠터를 존중하기 때문에 프레젠터의 관점을 받아들이게 된다.

그러기 위해서는 세 가지 원칙을 지키는 것이 좋다. 짧게 말하고 직접적으로 말하며, 주제와 좀 더 밀접한 사례를 선택하는 것이 그것이다. 에토스는 복장이나 얼굴 표정, 몸짓 언어 같은 비언어적 요소를 통해서 구사할 수도 있다.

❷ 파토스 Pathos

청중의 감정에 호소하는 것으로 가장 보편적인 설득 방법이다. 파토스를 설득의 수단으로 가장 잘 구사하는 분야는 TV 광고이다. 청중의 감성적 만족을 위해 입고, 먹고, 마시고, 쓰도록 설득한다.

파토스를 고양시키는 몇 가지 요소가 있다. 미소, 시각 자료, 유머, 종교, 공포, 보상, 성취, 비용, 상징, 고함, 몸짓, 음악, 사건 등이다. 파토스는 감성적이기 때문에 청중이 과학자나 엔지니어라면 이런 감성에 의존하면 안 된다. 그들은 감성적인 메시지보다는 사실과 숫자에 의존하기 때문이다.

❸ 로고스 Logos

연구 결과, 통계, 수치를 이용하여 청중을 설득하는 것이다. 로고스를 통한 설득은 흔히 법정에서 볼 수 있다. '오로지 사실만이 유일한 진리'라고 보는 입장이다. 의사들 역시 마찬가지다. 논리성 또는 환자의 상태에 대한 사실을 근거로 확신에 찬 처방을 한다.

단정한 복장은 논리적인 접근을 예고한다. 헤어스타일, 화장, 보석, 몸짓도 로고스를 활용하는 데 이용할 있다. 이런 비언어적 표시 역시 권위와 신뢰를 담을 수 있다.

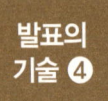

발표의 기술 ④

방향과 흐름을 미리 귀띔한다

청중이 흐름을 타고 다음 내용을 미리 생각해 보도록 만들어야 한다. 흔히 수업을 듣거나 강의를 들을 때 강조하는 것이 바로 예습이다. 실제 자신이 예습을 통해 알고 있거나 미리 약간의 정보를 가지고 있다면 내용에 대한 집중도는 물론, 프레젠테이션에 대한 참여도가 높아질 수밖에 없다. 그러므로 청중들에게 프레젠테이션의 방향과 흐름을 미리 귀띔해 줌으로써 상대가 예습의 효과를 누릴 수 있도록 유도한다.

▶▶ 알아듣기 쉽게 말하는 3가지 테크닉

이제부터 설명할 세 가지 기술, 즉 순서 정하기, 정리와 분류, 적절한 어휘 선택은 대단히 유용한 방법이다. 이 방법을 배워서 쓰기 시작하는 순간 바로 이야기를 알아듣기 쉽게 할 수 있다. 이것을 활용하느냐 안 하느냐에 따라 프레젠테이션의 성패가 달려 있다고 해도 과언이 아니다. 더구나 이것은 매우 간단한 기술이므로 배우지 않으면 손해일 것이다. 먼저 첫번째 '순서 정하기'에는 다음의 세 가지 종류가 있다.

① 예고에서 본론으로 들어간다.
② 결론을 먼저 꺼내고, 그 후에 근거나 상세한 부분을 서술한다.
③ 먼저 전체 개요를 설명하고 나서 부분에 관해 설명한다.

세부적인 내용을 말하기 전에 전체 그림을 먼저 이야기하면 흐름을 알 수 있기 때문에 청중의 이해가 빨라진다. 왜냐하면 듣는 사람은 오늘 나올 이야기가 뭔지 모르기 때문에 이야기의 꼬리를 따라가는 식으로 결론에 이르게 되면 중간의 작은 부분들은 기억하지 못하는 수가 있기 때문이다. 그러면 전체 큰 그림을 제대로 이해하지 못하게 된다. 전체를 알고 코끼리를 만지면 부분을 이해할 수 있다. 그러나 전체를 모르고 부분부터 만지면 집중력이 대단하지 않은 바에야 큰 그림을 잡아내기란 매우 어렵다.

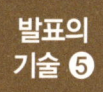

눈이 맞아야 마음도 통한다

눈은 마음의 거울이기 때문에 눈을 통하면 마음이 쉽게 접속된다. 첫인상은 별로였지만 이야기를 나누다 보면 점점 친근감이 드는 사람들이 있다. 반면에 첫인상은 좋지만 겪을수록 사람 됨됨이가 실망을 주는 사람도 있다. 프레젠터의 눈은 첫인상을 업그레이드시키는 훌륭한 도구이다.

눈은 마음의 창이라고 한다. 또 시선은 밤에 달리는 자동차의 전조등과 같다. 자동차 전조등 불빛은 운전자가 가고자 하는 방향을 향하여 비춘다. 프레젠터가 가고자 하는 방향은 청중의 마음속이다. 따라서 그의 시선은 청중의 눈을 향해야 한다.

말하자면 눈으로 말해야 한다. 처음 사람을 만나면 50% 이상 눈을 가장 먼저 본다고 대답한다. 우선 시선이 상대방의 눈으로 가는 이유는 눈을 통해 서로의 마음을 전달하고, 상대방의 마음을 읽을 수 있기 때문이다.

눈은 프레젠터와 청중의 감정을 표현하는 중요한 수단이다. 프레젠터가 청중을 향해 자연스럽게 눈을 마주치느냐, 불필요한 공간을 바라보느냐에 따라 신뢰감을 줄 수도 있고 불쾌감을 줄 수도 있다.

프레젠터는 청중과 시선을 맞추는 것이 가장 중요한 만큼 원고나 메모를 보느라 고개를 떨구는 것은 금물이다. 고개를 들어라. 그렇다고 벽이나 천정을 봐서는 안 된다. 청중에게 시선을 맞춘 다음, 시간 간격을 두고 방향을 적당히 바꿔주는 것이 좋다. 그러면 청중 모두가 프레젠터의 시선을 느끼게 된다. 결국 청중은 프레젠터가 자기 자신에게 직접 말하고 있다는 느낌을 받는다. 프레젠터가 눈으로 청중과 커뮤니케이션을 하는 방법은 다음과 같다.

① '반항아' 와 '협력자' 를 구분해서 시선을 준다.
② 청중 가운데 한 사람과 시선을 맞춘다.
③ 항상 1:1로 이야기하듯 시선을 준다.
④ 뒷사람부터 시작해서 지그재그 형태로 시선을 움직인다.
⑤ 한 문장에 한 사람씩 눈을 맞춘다.
⑥ 바라보고 웃으며 이야기한다.
⑦ 보여주고 반응을 살피고 나서 말한다.
⑧ 시선의 사각지대에 유의한다.

시선 처리는 말처럼 쉽지 않은 것이 사실이다. 초보 프레젠터의 경우 한번 시선을 주면 이상하게 그 사람에게만 계속 시선이 머물게 되는 경험을 한다. 시선 맞추는 게 두려워 다른 사람에게 선뜻 눈길을 옮기지 못하는 것이다. 프레젠터는 되도록 많은 사람에게 골고루, 자주 시선을 던지는 것이 좋다.

시선을 움직이는 방법은 지그재그형 이외에도 방사형, 군집형 등이 있다. 지그재그형은 Z자 방향으로 시선을 옮기는 것이다. 방사형은 앞뒤, 좌우 등 사방팔방으로 시선을 옮기는 것이다. 군집형은 한 무리를 중심으로 그 근처에 시선을 집중했다가 옮기는 방법이다. 계속 지그재그형으로 움직이기가 부자연스러우면 여러 가지 방법을 혼합해 쓰면 된다.

한 문장에 한 사람씩 시선을 맞추면서 미소를 보이는 방법은 아주 훌륭한 방법이지만 그리 쉽게 되지는 않는다. 숙련되어야 자연스럽게 나올 수 있는 기법으로 훈련이 필요하다. 이 방법을 쓰면 거의 모든 청중과 눈을 맞출 수 있어 효과적이다.

발표의 기술 ❻ 눈 맞춤은 마법의 끈이다

레오나르도 다빈치는 '눈은 마음의 거울'이라고 했다. 특히 청중 앞에서 의사 전달을 해야 하는 프레젠터의 눈에서는 자신감에 차 있으면서도 뭔가를 반드시 이루고야 말겠다는 투지가 불타올라야 한다.

사람과 사람이 이야기 할 때 우리는 그 사람과 의사소통을 하고 있다는 느낌을 받기 위해 눈을 보고 이야기하는 것이다. 먼저 눈을 맞추고 나서 입으로 이야기하고, 마음으로 전달하라. 당신의 확고한 생각은 눈으로 표현되고, 그 생각은 마음을 통해 전해질 것이다.

훌륭한 프레젠터는 청중을 마치 끈에 연결되어 있는 꼭두각시 인형처럼 마음대로 조작할 수 있어야 한다. 그 끈과 같은 역할을 하는 것이 바로 눈 맞춤이다.

프레젠터에 대한 신뢰감은 청중과의 눈 맞춤을 통해 이루어지기도 한다. 눈 맞춤을 잘 하지 못하는 프레젠터는 자신감이 없어 보인다.

청중과의 시선 맞추기는 청중의 관심과 전달력을 높이고, 청중의 반응을 확인하는 측면에서 매우 중요한 요소다. 시선 맞추기는 상대의 관심과 전달력을 높일 뿐 아니라 상대와의 대화에 집중하고 상대를 배려한다는 예의의 표현이기도 하다.

중요한 인물, 즉 키맨에게는 30% 정도 시선을 더 주는 것이 좋다. 키맨에 대해 미리 알아보았다면 키맨의 자리 배치도 시선 이동을 고려하여 가장 적절한 곳에 배치하는 것이 좋다.

몇 가지 시선 처리의 원칙을 지키는 것은 말처럼 쉽지 않다. 발표하는 일에 집중하다 보면 이런 원칙을 자신도 모르게 지키지 않게 된다. 무의식중에 시선이 한 사람에게 너무 오래 머문다든지, 말없이 바라보기만 한다든지, 시선 이동이 자연스럽지 못하고 불안하게 왔다 갔다 한다든지 하는 실수를 저지르기 쉽다. 벽이나 천정을 보거나 너무 뚫어지게 쳐다보는 것도 좋지 않다.

▶▶ **시선 처리의 원칙**

① 한 곳만 보지 말고 청중들에게 골고루 시선을 나누어준다.
② 청중 가운데 중요한 인물이 있으면 자주 오래 시선을 준다.
③ 몸은 시선이 향하는 쪽으로 돌린다. 그 방향으로 이동해도 좋다.
④ 시선의 이동은 천천히 자연스럽게 조금씩 한다.
⑤ 시선이 머무는 시간은 한 문장 정도의 호흡으로 한다.
⑥ 시선 맞추기는 반드시 말을 하면서 한다.

발표의 기술 ❼

군더더기 없는 행동을 보여주어라

처음 등장하는 순간 좋은 인상을 주지 못하면 실패하기 쉽다. 좋은 인상을 주는 방법은 간단하다. 단정하게 앉아 있다가 소개받은 다음에 성큼 일어서서 당당하게 앞으로 나가면 된다. 반드시 미소를 짓고 입을 열기 전에 몇 사람과 시선을 마주치는 것이 좋다. 그리고 준비해 둔 멋있는 오프닝 멘트를 날리면 된다. 아주 간단하지만 이마저도 제대로 못하는 사람들이 대부분이다.

프레젠테이션에서 나쁜 인상을 주는 것 역시 간단하다. 나가자마자 넥타이나 옷매무새를 만지거나 말을 시작하기 전에 기침을 서너 차례 하고, '아아……' 하는 식으로 더듬거리기를 반복하면 나쁜 인상을 준다. 한숨을 쉬거나 손수건을 꺼내 입술을 훔치는 행동도 좋지 않은 모습니다. 괜히 귀나 코를 만지고 뜸을 들이면서 머리를 쓸어 넘기는 등의 불필요한 행동은 삼가는 것이 좋다. 마지막으로 청중과 시선을 마주치지 못하고 원고를 쳐다보거나 천정, 벽 등을 보는 것도 자신감 없게 보이는 대표적인 행동이다.

이런 행동에 대한 문제점을 전혀 모르는 프레젠터가 의외로 많다. 해결법은 간단하다. 나쁜 인상을 주는 행동을 모두 외워두었다가 청중 앞에 나서기 전에 다시 한번 숙지하는 것이다. 그리고 나서 청중 앞에서는 군더더기 없는 깔끔한 행동만 보여주도록 노력한다.

행동뿐 아니라 말의 내용 중에도 청중을 실망시키는 요소들이 적지 않다. 상대에게 상처를 주는 행동이나 농담이 대표적이다. 가령 그 회사의 상품에 흠집을 내는 농담을 하게 되면 청중이 외면한다.

청중 앞에서 자신감 없는 태도도 문제지만, 너무 자신만만한 태도 역시 문제가 된다. 자신 없는 태도는 동정을 사지만, 너무 자신만만하면 빈축을 산다. 또 청중을 무시하는 태도는 가장 빨리 나쁜 인상을 줄 수 있는 태도이다.

이밖에 장황한 자기 무용담은 여러 청중의 시간을 도둑질하는 것이다. 청중은 손해보고 있다는 느낌을 가지게 될 것이다.

프레젠테이션에서 사소한 행동으로 청중이 당신의 됨됨이를 싫어하게 되면 아무리 좋은 내용, 좋은 시청각 교재를 써도 성공하기 어렵다.

발표의 기술 ⑧

제스처는 제2의 커뮤니케이션

의사소통을 원활하게 만드는 것이 프레젠테이션의 목적이다. 프레젠터와 청중 간의 의사소통이 원활하게 이루어진다면 그 이상 좋은 프레젠테이션은 없을 것이다. 이를 위해 프레젠테이션에서는 여러 가지 방법과 도구를 활용하는데, 그 중 하나가 바로 제스처이다.

제스처는 그저 사소한 몸짓으로 보일 뿐이지만, 적은 노력으로 가장 많은 효과를 볼 수 있는 기술이다. 사소하지만 때로는 가장 필요한 것이 바로 제스처이다.

전문가와 아마추어와의 차이는 손동작만 보고도 안다는 말이 있다. 프로는 자연스러우면서도 능숙한 손동작을 한다. 그러나 아마추어나 경험이 없는 사람들의 경우 왠지 손동작이 경직되어 있다. 또는 손을 전혀 움직이지 않고 말로만 전달하는 경우를 심심찮게 본다.

시간이 날 때마다 지속적으로 거울을 보면서 다양한 손동작을 하며 말하는 연습을 훈련해 보자. 그러면 언젠가는 손을 자연스럽게 쓰면서 말을 하는 자신의 모습을 보게 될 것이다.

▶▶ 효과적인 손동작 기술
① 청중에게 손등이 보이지 않도록 한다.
② 강조하고자 할 때 움직임을 넣는다.
③ 손가락은 숫자를 표현할 때만 사용한다.
④ 손끝을 모은 상태에서 표현한다.
⑤ 청중에게 손바닥을 보이는 것은 호의적인 메시지다.
⑥ 손동작을 통해 절도가 느껴지도록 너무 빠르게 표현하지 않는다.

발표의 기술 ❾ 상황에 따라 제스처 크기를 달리한다

빌 게이츠는 말할 때마다 손가락을 세워 가슴 위에 놓거나 두 손의 깍지를 껴 가슴 언저리에 놓는 버릇을 가지고 있다. 이런 동작은 때로는 불안해 보이기도 한다. 그 모습이 마치 미스터 빈처럼 보인다고 몇몇 언론이 지적하기도 했다.

반면, 스티브 잡스는 양손을 늘 허리선 위에 들고 있다. 그는 두 손을 이용해 항상 뭔가 제스처를 취한다. 그의 제스처는 한결 자연스럽고 편안해 보인다. 잡스의 손동작이 크게 펼쳐지면 훨씬 역동적이고 설득력이 있다. 청중의 집중력이 높아지기 때문이다.

제스처는 청중의 규모에 따라 크기를 달리 하는 것이 핵심이다. 청중 모두와 눈 맞춤이 가능한 작은 규모에서는 배구공을 잡은 정도의 손동작 크기가 적당하다. 그보다 조금 큰 규모에서는 비치볼을 잡고 있다고 생각하면 된다. 100명 이상의 대규모 청중 앞에서는 애드벌룬을 잡고 있는 것처럼 두 팔을 쭉 펴서 크게 벌려야 청중이 프레젠터의 제스처를 볼 수 있다.

물론 일반적으로 볼 때 동작이 너무 크면 자칫 우스꽝스러워 보일 수도 있으므로 절제된 몸동작이 되도록 신경 써야 한다. 특히 프레젠터가 흥분하면 몸동작이 커지고, 실수가 나오게 마련이므로 주의한다. 그러나 결정적인 부분에서 강조를 한다든지 분이기를 띄워야 될 때에는 동작을 크게 할 필요가 있다.

초보자의 경우 습관적인 동작이 나오기 쉬우므로 평소 훈련을 통해 교정해 두는 것이 좋다. 특히 자연스럽게 한다고 아무렇게나 손동작과 몸동작을 하는 사람도 있는데 정리되지 않은 동작은 보기에 좋지 않다.

발표의 기술 ⑩ 아날로그 박사보다 디지털 석사가 낫다

멀티미디어를 잘 이용할 수 없다면 그 프레젠터는 이미 절반은 실패한 것이나 마찬가지다. 디지털 문화의 효과는 어떤 매체보다 막강한 효과를 발휘하기 때문이다.

몇 해 전, 어느 해양 동물 보호 단체에서 실시하는 돌고래 멸종 위기에 관한 세미나에 참석한 적이 있다. 프레젠테이션 룸 안에는 많은 사람들이 삼삼오오 짝을 지어 잡담을 나누고 있었다. 그런데 갑자기 실내조명이 어두워지더니 애타게 울부짖는 듯한 돌고래 울음소리에 이어 프레젠테이션 주제와 관련 있는 타이틀 슬라이드가 나타났다. 사람들은 스크린에 시선을 고정시키고 주목하기 시작했다. 그러면서 굉장한 호기심과 커다란 기대감으로 프레젠테이션의 시작을 기다렸다. 이처럼 오프닝이나 클로징에 오디오나 비디오를 결합한 멀티미디어를 활용하면 큰 효과를 얻을 수 있다.

멀티미디어는 청중을 프레젠테이션에 주목하게 만들뿐 아니라, 자칫 지루해지기 쉬운 비즈니스 프레젠테이션에서 감초 역할을 톡톡히

| 그림 30 | 다양한 멀티미디어 매체들

한다. 동영상이나 소리, 인터넷 등 필요에 따라 다양한 시각 자료를 곁들인다면 최고의 프레젠테이션이 될 것이다. 이때 멀티미디어의 장점을 최대화하고, 실행 설정이나 하이퍼링크를 적절하게 활용하는 것이 중요하다. 무엇보다 중요한 건 파워포인트 내에서 모두 프로그램을 구동시켜야 한다는 점이다.

한 가지 주의할 것은 멀티미디어를 활용할 때에는 프레젠터가 쉽게 조작할 수 있어야 한다는 점이다. 각종 매체를 다루는 연습을 병행하는 것은 물론, 고장 등 응급 상황에 대처할 수 있는 방법이 마련되어야 한다.

프레젠테이션
1막 5장

지은이 이용갑
기획 시니어C

펴낸이 김병은
펴낸곳 프롬북스

등록 제313-2007-000021호(2007.2.1.)
1판 1쇄 인쇄 2008년 08월 20일
1판 2쇄 발행 2011년 11월 09일

주소 경기도 고양시 일산동구 장항동 867 웨스턴타워 1동 717호
전화 031-931-5990
팩스 031-931-5992
홈페이지 http://www.frombooks.co.kr
전자우편 edit@frombooks.co.kr

ISBN 978-89-959348-5-2 03320
정가 15,000원

ⓒ 2008 시니어C & 이용갑
이 책은 저작권법에 따라 보호를 받는 저작물이므로 무단전재와 복재를 금지하며,
이 책 내용의 전부 또는 일부를 사용하려면 반드시 저작권자와 프롬북스의
서면 동의를 받아야 합니다.

* 잘못되거나 파손된 책은 구입하신 서점에서 교환해 드립니다.